LES EFFETS MORAUX DE L'EXERCICE PHYSIQUE

PAR

A. MAGENDIE
Directeur d'École normale.

avec une préface

DE

Henri MARION
Docteur ès lettres, Professeur à la Faculté des lettres de Paris.

PARIS

ARMAND COLIN ET Cie, ÉDITEURS

5, RUE DE MÉZIÈRES, 5

LES EFFETS MORAUX

DE

L'EXERCICE PHYSIQUE

COULOMMIERS
Imprimerie PAUL BRODARD.

LES EFFETS MORAUX
DE
L'EXERCICE PHYSIQUE

PAR

A. MAGENDIE
DIRECTEUR D'ÉCOLE NORMALE

Avec une Préface de Henri MARION

PARIS
ARMAND COLIN ET Cie, ÉDITEURS
5, RUE DE MÉZIÈRES
1893

PRÉFACE

Je goûte assez peu, en général, les préfaces qu'on met aux livres des autres. Pourtant, quand l'auteur de celui-ci, se souvenant qu'il avait été mon élève, m'a demandé de témoigner publiquement de l'intérêt que j'attache à l'idée qu'il développe, je n'ai pas hésité à saisir cette occasion de dire très haut combien elle me paraît juste et importante. A mes yeux, en effet, elle est proprement fondamentale dans la théorie de l'éducation.

Cette idée, en deux mots, c'est que l'éducation intellectuelle et morale n'a pas seulement pour base l'éducation physique, au sens général où on l'entend communément, mais qu'elle est intéressée de la manière la plus directe, la plus précise aux jeux de force et d'adresse et aux exercices de plein air. Elle l'est à un point qui frappe davantage à mesure qu'on descend dans le détail de ces exercices et de ces jeux, en considérant comment ils mettent en action, par conséquent développent et fortifient, dans les conditions les plus saines, les facultés de l'intelligence et les qualités du caractère.

L'auteur le montre surtout, et même uniquement, à vrai dire, pour les libres jeux qu'organisent les enfants dès qu'ils sont réunis en nombre, ayant du loisir et de l'espace, soit qu'ils les inventent ou les rajeunissent, soit qu'ils les reproduisent simplement tels qu'ils les tiennent d'une tradition on ne sait combien de fois séculaire. Il a eu bien raison d'insister de préférence sur ces exercices gais et animés, naturels entre tous, simples, sans frais, à la portée de tout le monde, à peu près les mêmes partout. Ce sont les plus bienfaisants ; ce sont en même temps ceux qu'une pédagogie à courte vue risque le plus de dédaigner.

Souvent encore, en effet, on les concède

comme à regret à la pétulance des enfants. Si l'on s'écoutait (et l'on ne s'écoute que trop) l'on n'y verrait guère qu'une perte de temps; on réduirait au minimum les récréations comme un mal nécessaire. C'est ainsi que, naguère encore, dans nombre d'écoles et de familles, on faisait la part des jeux à peu près comme on fait la part du feu. Ils étaient tolérés plutôt qu'encouragés. Une sorte d'ascétisme, singulier dans un temps si peu sévère en tout le reste, pesait sur l'éducation publique. Les plus sages reconnaissaient bien que l'air et le mouvement sont nécessaires à la santé des enfants; mais qui s'avisait de regarder le jeu en lui-même comme nécessaire aussi à leur hygiène mentale, comme un facteur essentiel de ce développement harmonieux et complet que doit avoir en vue la plus haute éducation?

Avec une verve entraînante et une foi communicative, non sans une finesse psychologique qui va presque jusqu'à la subtilité par endroits, M. Magendie fait voir par le menu l'effet des jeux usuels sur toutes les aptitudes mentales tour à tour et sur toutes les énergies morales de l'enfant. Il en parle par expérience. Quiconque a été, comme lui, élevé à la campagne, trouvera beaucoup de saveur aux souvenirs personnels, aux récits anecdotiques qui viennent à chaque instant sous sa plume. Ces petits tableaux des jeux d'écoliers dans un village béarnais il y a quelque trente ans, ne sont pas seulement très frais et très vivants; ils plaisent d'autant plus qu'ils ne sont pas mis là pour l'agrément, comme d'aimables hors-d'œuvre, mais qu'ils illustrent toujours avec précision une pensée juste qui les évoque.

*
* *

Mais si l'auteur dit à souhait ce qu'il a voulu dire, il s'en faut de beaucoup qu'il épuise son sujet. Il s'est restreint aux jeux, et presque aux jeux rustiques des écoliers : il ne traite pas, comme son titre paraît le promettre, des divers exercices physiques dans leur rapport avec l'activité mentale et morale qu'ils excitent et règlent à la fois.

D'abord, il élimine à dessein la gymnastique

proprement dite, contre l'abus de laquelle il s'élève. Avec raison, en un sens; car il est certain que pour les enfants, elle ne vaudra jamais le jeu libre. Cependant, aux enfants eux-mêmes elle rend d'inappréciables services. Bien dirigée par un maître intelligent, ils l'aiment, elle aussi : elle les repose très utilement de la classe et de l'étude, à des heures où les cerveaux ont besoin de détente, les muscles besoin d'action, sans que le moment soit aux jeux, pour lesquels d'ailleurs la place manque souvent dans les villes. Il est trop vrai qu'en fait, la gymnastique scolaire est souvent ennuyeuse, — quand l'élève, par exemple, passe un quart d'heure à grelotter, immobile, en attendant que son tour vienne de passer une minute au trapèze; — mais elle n'est pas telle nécessairement, l'ennui n'est pas de son essence. Au contraire, l'effort méthodique, le mouvement réglé, les mouvements d'ensemble surtout, ont quelque chose en eux qui produit une excitation heureuse : ils font se déployer l'énergie avec une vigueur qui a son ivresse et une précision qui enchante l'esprit. Même à Paris, où les conditions ne sont pas des plus favorables, je sais de petits externes de septième qui ont un goût très vif pour la gymnastique du lycée, qui ne veulent pas en être dispensés même quand ils sont enrhumés, et qui sont bien fâchés qu'elle n'ait lieu que deux fois par semaine.

En dehors de la gymnastique, bien des exercices, soit individuels, soit collectifs, qui diversement influent sur le moral, eussent mérité peut-être une mention et prêté à des observations particulières. Dira-t-on jamais assez, par exemple, tous les bons effets de l'équitation? Elle est fort en honneur dans ce même Béarn cher à M. Magendie, où elle a des attraits particuliers, grâce à une fine race de chevaux de selle et à la beauté du pays. J'ai toujours trouvé une vertu tonique singulière à cet admirable exercice. Je n'en ai jamais été privé sans dommage, je ne l'ai jamais repris sans profit, et, après de redoutables crises de santé, il a toujours été pour moi un agent décisif de relèvement. Or il ne vaut pas moins par ses effets psychiques. Autant ou plus que par un autre, il peut contribuer à donner le coup d'œil et le tact, la prudence et la décision; il exalte toutes les énergies.

Chacun réclamera de même pour son exercice de prédilection. Mais ce serait un autre volume à écrire. M. Magendie, ne pouvant tout dire, a visé à pénétrer plutôt qu'à s'étendre. Il a bien fait, en somme. Il a surtout bien fait, devant se restreindre, d'insister sur les exercices les plus simples, les plus répandus et qui n'ont rien d'aristocratique. C'était le seul moyen d'être utile à tout le monde.

En le lisant, la pensée se porte naturellement des écoles primaires, de ces écoles rurales qu'il a surtout en vue, vers nos internats des grandes villes. C'est là principalement que sont nécessaires les exercices physiques, d'autant plus nécessaires qu'ils sont plus difficiles à établir. C'est pourquoi on a dû faire des efforts spéciaux pour les mettre en honneur dans ces milieux ingrats : de là nos sociétés d'initiative; de là les encouragements publics, les concours, les *lendits*, les *championnats*. Tout cela a donné lieu à des critiques dont je veux dire un mot, puisque l'occasion m'en est offerte

*
* *

A la foi enthousiaste des uns, d'autres ont opposé, opposent encore çà et là un scepticisme dont il faut avoir raison à tout prix. Car, tout superficiel qu'il est, agissant dans le même sens que la routine, il a une force singulière pour paralyser les bons vouloirs. Il est de plus en plus rare, Dieu merci, mais non très rare encore de trouver chez des professeurs distingués une défiance insurmontable à l'égard des « sports athlétiques », tels qu'on les pratique dans nos lycées. Ils observent à leur égard une réserve ironique, qui, à l'occasion, chez quelques-uns, fait même place à l'ironie agressive. Cela déconcerte les élèves et fait hésiter les familles. Ma conviction profonde est que ces maîtres se trompent, que des apparences dont ils s'exagèrent la gravité leur cachent des vérités essentielles; qu'au lieu d'enrayer par des critiques boudeuses ou narquoises un mouvement excellent en soi, il serait digne d'eux d'entrer dans ce mouvement pour le régler. Comment peuvent-ils en méconnaître l'importance décisive pour l'Université et le pays? Et en s'y associant, ne seraient-ils pas mieux placés pour faire prévaloir leurs critiques en ce qu'elles peuvent avoir de raisonnable?

Sur la nécessité, sur l'excellence générale de cette renaissance des exercices physiques, quel désaccord pourrait-il y avoir entre gens qui ont un même idéal d'éducation naturelle et rationnelle, d'éducation vivante et libre, humaine dans toute l'ampleur et toute la force du terme?

Quand le profit à attendre de ces exercices ne serait que physique, quand ce serait seulement la santé, la vigueur et la beauté, le gain, certes, en vaudrait la peine; et au point de vue humain comme au point de vue national, il faudrait déjà dire que les sociétés qui nous ont rappelé cette partie trop oubliée de nos devoirs, ont rendu un service de premier ordre. Mais c'est de bien autre chose qu'il s'agit, et tout autre est la portée de l'œuvre. Personne n'en doit souhaiter le succès plus vivement que les moralistes. Les réformes de cet ordre, en effet, vont plus loin que celles des programmes d'études, quand on veut refaire les mœurs d'un pays et retremper les caractères.

A ces divers points de vue, les résultats obtenus déjà, les résultats surtout qu'il est permis d'entrevoir, font paraître bien stériles vraiment et bien vides les moqueries des gens qui plaisantent sans même dire au juste ce qu'ils regrettent et ce qu'ils veulent ; car on peut les mettre au défi de dire tout haut qu'il n'y avait rien à faire.

*
* *

Cependant, entre nous-mêmes, partisans décidés des sports physiques pour toute notre jeunesse, nous aurions bien peut-être quelque chose à nous dire, des réflexions utiles à échanger. Toujours ravi, souvent ému dans nos fêtes athlétiques, je n'ai pas laissé quelquefois d'entendre telle objection qui m'embarrassait, d'entrevoir un danger réel, un progrès possible, enfin certains desiderata. Des réflexions que j'ai ainsi faites, j'en voudrais aujourd'hui présenter deux à nos amis, les leur donnant pour ce qu'elles valent, m'en fiant à leur expérience et à leur esprit pratique pour en tenir le compte qu'il conviendra.

Dans nos *lendits*, outre les prix spéciaux attachés aux divers exercices, nous décernons des prix d'ensemble; et à la maison qui a remporté le plus de succès, et individuellement au lauréat qui, pour tous les exercices réunis, a obtenu le plus grand nombre de points. Je me demande si cela est bien utile et s'il n'y a pas là quelque danger.

C'est beaucoup déjà, c'est assez, au fond, qu'un homme aime ardemment un exercice et qu'il s'y adonne activement. Il est presque impossible, et je ne sais s'il est sérieusement désirable qu'un même homme excelle dans tant d'exercices à la fois. A moins de dons bien exceptionnels, n'est-il pas à craindre qu'il ne le puisse guère sans un surmenage physique dont les hygiénistes sont les premiers à signaler le danger, et sans un préjudice, réel cette fois, pour la culture intellectuelle? Autant, en effet, il est certain que les études, et même les plus élevées, bénéficient d'un exercice physique modéré, qui donne du ressort et de la fraîcheur à l'esprit, autant il est douteux qu'elles puissent s'accommoder d'une vie presque exclusivement physique, dépensant en effort musculaire et en mouvement toutes les avances, toutes les réserves de l'organisme, dans un âge où sa croissance n'est pas même achevée.

Je ne parle pas ici des accidents possibles : je les suppose écartés, comme ils le sont en effet, par une vigilante direction. Ce n'est pas seulement dans l'accumulation des efforts demandés à un même organisme qu'il faut les redouter ; il faut s'en défier dans chaque exercice pris à part et les prévenir à tout prix ; car, même insignifiants, ils effrayent les familles, impressionnent péniblement le public et jettent du discrédit sur ces jeux mêmes que l'on cherche à mettre en honneur. Au reste, ces accidents, qui n'ont jamais été graves à ma connaissance, seront de moins en moins à craindre à mesure qu'on aura plus d'expérience, d'adresse et de vigueur acquises. Et une des fins qu'on se propose, après tout, c'est d'apprendre aux jeunes gens à ne pas les craindre, en même temps qu'à les éviter.

Mais en mettant tout au mieux, il serait sage, semble-t-il, de ne pas surexciter dans tous les sens à la fois l'activité physique de nos jeunes gens, du moment surtout que nous leur demandons, non pas seulement de prendre une teinture des différents exercices, mais de déployer toute leur force, de donner toute leur mesure en chacun d'eux. Dans l'antiquité, je ne crois pas qu'il fût ordinaire de voir, aux jeux olympiques, un même athlète l'emporter à la lutte et à la course, dans les jeux de vigueur et dans les jeux d'adresse. Surtout il est apparemment sans exemple qu'on ait attendu pareille victoire de ceux-là mêmes qui disputaient les prix de poésie.

Au jugement d'hommes qui font autorité dans ces matières, certains exercices physiques en excluent presque certains autres, parce qu'ils mettent en jeu des muscles si différents, exigent des attitudes si contraires, qu'il est comme impossible de faire très bien les uns et les autres dans le même temps. « En m'entraînant pour le bicycle, je me désentraîne du cheval », me disait un vélocipédiste qui est aussi un cavalier. J'entends dire de même que les maîtres d'armes regardent la boxe comme faisant prendre au bras et à la main des habitudes qui peuvent les rendre, à un moment donné, quasi impropres à l'escrime. Et il peut y avoir bien d'autres incompatibilités analogues.

Dira-t-on que c'est une raison de plus pour initier chaque sujet à tous les exercices, car c'est le moyen d'assurer son développement complet, en faisant jouer tous ses ressorts tour à tour? *Initier*, oui; exercer *tour à tour*, à la bonne heure! Il est très désirable, en effet, de ne pas développer exclusivement des aptitudes spéciales trop étroites. Mais dans une même période de temps, dans une même saison, par exemple, n'est-ce pas assez d'un exercice, de deux, si l'on veut, entre lesquels on partagerait ses forces et le peu de loisir dont on dispose? Avec l'intensité d'énergie que l'émulation met en acte, avec l'extrême effort que fait déployer tout concours, ce serait beaucoup déjà pour un adolescent que de donner à fond dans deux épreuves. Loin d'induire les jeunes gens en tentation de briller dans toutes ou dans le plus grand nombre possible, comme on le fait par l'institution du *championnat*, ne faudrait-il pas plutôt les en détourner?

⁂

Qu'un établissement aspire au succès dans toutes les épreuves, la chose a bien moins d'inconvénients. Elle est même naturelle et plutôt désirable, si la population scolaire, étant nombreuse, offre réellement toutes les aptitudes, dans un milieu où abondent toutes les ressources. Mais le cas n'est peut-être pas très fréquent. Le mieux serait de ne pas forcer son talent, de suivre les indications résultant du terrain, des circonstances, des goûts prononcés des élèves, enfin de n'entreprendre que ce que l'on peut faire bien. Heureux le lycée qui peut offrir à la fois tous les sports à ses élèves, les exercer à la nage et à l'aviron aussi facilement qu'à la paume; au bicycle, au cheval et aux armes aussi bien qu'à la marche et au ballon. Mais une maison plus modeste, qui, dans des conditions plus ingrates, se contente de cultiver les exercices qui sont à sa portée, mérite tout autant d'encouragements.

Ce qui importe, au demeurant, c'est de généraliser le goût de l'effort et du mouvement, la passion de la vie saine au grand air. Le but, en effet, n'est pas de former quelques sujets hors ligne pour le plaisir d'applaudir à leurs tours de force; c'est de répandre par l'exemple et l'émulation, c'est de faire aimer universellement les exercices musculaires, afin d'en assurer autant que possible le bienfait à toute notre jeunesse.

Si l'on tient à récompenser non seulement les vainqueurs individuellement, mais les écoles, c'est-à-dire les chefs de maisons et les maîtres qui font le plus pour la diffusion de l'athlétisme, il faudrait faire primer non les établissements qui produisent à un moment donné le plus de lutteurs bien entraînés, mais ceux qui offrent, à l'ordinaire et dans leur train de vie journalier, la plus grande proportion d'élèves ardents au jeu, robustes, sains, aguerris; cela sans préjudice pour les études, et avec plein profit pour la discipline, les mœurs et les caractères.

HENRI MARION.

INTRODUCTION

« Les jeux des enfants ne sont pas jeux et les fault juger en eulx comme leurs plus sérieuses actions. » (MONTAIGNE, *Essais*, liv. I, chap. XXII.)

L'exercice physique comprend la gymnastique méthodique et les jeux de force, d'agilité et d'adresse, en général collectifs, de plein air et toujours réglés. Ces jeux sont dits athlétiques, ce mot impliquant ici l'idée d'effort, de lutte et d'émulation.

Les effets physiologiques de l'exercice physique ont été étudiés et décrits de nos jours par un écrivain dont on ne saurait nier la compétence dans la matière, M. le docteur Fernand Lagrange. Inutile d'insister, dans ce livre, sur cette partie si importante de la question relative aux bons effets des exercices du corps; je recommande simplement à tous ceux qu'intéresse l'éducation physique de l'enfant la lecture des beaux ouvrages de M. Lagrange, qui ont été l'objet des récompenses les plus flatteuses et les plus hautes.

Mais, de tout temps, des penseurs ont attribué à l'exercice physique une influence marquée sur le développement des facultés morales : plus que nous, les Grecs ont eu l'intuition des bons effets moraux de la gymnastique et des jeux, que, chez nous, Montaigne et Guizot, entre autres, ont devinés et affirmés.

Dans les *Conseils d'un père sur l'éducation*, M. Guizot affirme que « personne n'a encore assez insisté sur le parti qu'on peut tirer du besoin d'agir pour diriger la conduite des enfants » ; il dit ensuite : « Comme c'est une cause secrète et tout intérieure dont celui-là même qui y est soumis ne se rend pas compte et que les autres ne démêlent qu'à force de sagacité, on a trop négligé de l'examiner et de s'en servir. » Le même auteur n'hésite pas à reconnaître l'influence des jeux sur l'éducation de l'esprit et il énumère des facultés intellectuelles que ces exercices développent, mais il s'est malheureusement borné à des affirmations générales quoique catégoriques.

On n'a pas encore déterminé ni démontré par l'analyse tous les bons effets moraux de l'exercice physique, « sujet gracieux autant qu'il est fécond en enseignements pratiques et aux développements duquel un ouvrage entier suffirait à peine ». (Dr J.-B. Fonssagrives, *L'éducation physique des garçons*, p. 226.)

On n'est pas encore allé, dans cet ordre d'idées, au delà de quelques vues générales et de quelques exemples.

Il importe donc d'établir que les jeux surtout ne sont pas pour l'enfant des distractions exclusivement récréatives, comme on est si disposé à le croire de nos jours; il importe de prouver que, dans les jeux, l'enfant, vivant parmi des camarades de son âge qui ont l'intelligence instinctive de ses besoins et de ses goûts et dont il devine sans peine les désirs et les intentions, fait gaîment le sérieux apprentissage des vertus sociales dans un milieu qui convient à ses facultés, où tout favorise le déploiement de son activité, où, en un mot, comme l'a dit M. Guizot, « toutes les forces de son esprit et de son corps s'exercent de concert. »

Tel est l'objet de mon travail. J'ai démontré successivement que l'exercice physique met en œuvre toutes les facultés de l'intelligence et augmente la vivacité de l'esprit, développe et règle la sensibilité, fortifie la volonté et accentue, dans l'enfant, la bonne humeur, la gaîté légitime et saine. A l'appui de ma thèse et pour être compris de tous, j'ai choisi les exemples les plus élémentaires et les plus connus.

Toutes les considérations psychologiques n'ayant avec mon sujet que des rapports éloignés ont été supprimées.

Je n'ai pas la prétention d'avoir mis en lumière les vérités importantes qui se rattachent à cette question si complexe des effets moraux de l'exercice physique avec la puissance d'analyse d'un penseur, avec la précision et l'élégance de style d'un écrivain de marque, mais mon œuvre a du moins le mérite de la plus entière sincérité : toutes mes affirmations ne reposent que sur des souvenirs très nets de ma vie d'écolier « béarnais », sur ma longue expérience des exercices du corps et surtout des jeux collectifs et sur mes observations personnelles.

Pour donner plus d'autorité à des affirmations qui pourraient sembler paradoxales ou trop hardies si elles n'étaient que miennes, j'ai ajouté à mon texte, à point nommé, des citations extraites des œuvres d'écrivains illustres ou très connus.

A ceux qui auraient encore des doutes, je conseille uniquement d'observer de près les enfants qui ont, bien entendu, l'habitude et le goût des exercices physiques et surtout des jeux; l'expérience ne tardera pas à leur dessiller les yeux.

Loin de moi la pensée d'usurper sur le temps nécessaire aux études, au profit de la gymnastique et des jeux : ce temps est de nos jours si précieux qu'il n'est pas permis de trop sacrifier aux distractions même les plus salutaires; toutefois si les jeux sont des moyens naturels et puissants de développer dans l'enfant, non seulement la vigueur et l'agilité musculaires, mais encore ces qualités de l'esprit et du cœur qui ont fait de notre race la plus dégourdie, la plus alerte et la plus vivante du monde, pourquoi ne pas les introduire d'office dans toutes les écoles urbaines et rurales?

« L'exercice, même violent, n'est pas seulement d'une bonne hygiène physique, mais d'une bonne hygiène morale. Car il y a des qualités morales que la lecture et la réflexion ne développent pas, et ce sont celles qui font l'homme d'action, c'est l'audace, c'est la résistance à la fatigue, le sang-froid devant les difficultés et devant les dangers. » (*Psychologie théorique et appliquée*, par M. Paul Janet, membre de l'Institut, professeur à la Faculté des lettres de Paris, et M. Raymond Thamin, chargé de cours à la Faculté des lettres de Lyon. Page 203.)

Dans tous les établissements d'instruction, des heures de liberté sont accordées chaque jour aux enfants, dans l'intervalle des classes. Il s'agit de savoir s'il est possible de continuer, pendant ces moments de détente, l'œuvre éducatrice de l'école, et si les récréations, durant lesquelles les élèves d'ordinaire surveillés de très loin sont exposés à contracter des habitudes de paresse et de mauvaise tenue ou parfois à se dépraver dans la société de camarades vicieux, ne peuvent pas servir au développement de toutes les facultés enfantines par l'introduction des jeux dans le programme scolaire. De nos jours encore, les récréations sont comme des champs en friche qu'il convient de livrer le plus tôt possible à la culture.

Les enfants stimulés par leurs maîtres emporteraient de l'école le goût de l'exercice physique, des plaisirs hygiéniques et moraux, et des habitudes plus actives s'infiltreraient dans notre race.

Je souhaite que ce livre contribue à remettre en

honneur, dans notre pays, les exercices du corps et surtout les jeux « qu'on ne doit pas considérer, a dit Frœbel, comme une chose frivole.... Par le jeu, l'enfant s'épanouit en joie, comme s'épanouit la fleur en sortant du bouton, car la joie est l'âme de toutes les actions de sa vie. »

Mai 1893.

LES EFFETS MORAUX
DE
L'EXERCICE PHYSIQUE

TITRE I

L'EXERCICE PHYSIQUE ET L'ÉDUCATION INTELLECTUELLE

CHAPITRE I

L'attention.

L'inattention est le défaut capital des jeunes écoliers et le fléau des études. Il est plus difficile de fixer l'attention de certains élèves d'une manière constante que d'amender leurs camarades paresseux ou insoumis.

Tel élève écoute le maître avec intérêt au

début de la leçon, qui se laisse bientôt distraire par les incidents les plus futiles de la vie scolaire ou s'abandonne à la rêverie; ses yeux sans idées et ses regards perdus dans le vide ne laissent aucun doute sur la direction fâcheuse de sa pensée; il voit mais il ne regarde pas, il entend mais il n'écoute point.

C'est en vain que le maître s'ingénie à être clair et suggestif; à côté de lui, l'élève distrait perd son temps. Les idées les plus simples glissent sur son intelligence sans y laisser de traces, les avertissements et les conseils « ne laissent pas plus de sillon dans sa mémoire que les hirondelles dans le ciel bleu qu'elles traversent ». (Dr Fonssagrives, *L'éducation physique des garçons.*)

Tous les écoliers ne sont pas inattentifs au même degré, mais aucun maître n'ignore qu'ils répugnent à l'effort intellectuel prolongé, surtout en classe.

Il semble que l'enfant soit impuissant à maîtriser, à conduire son intelligence, et qu'il ne vive que d'élans spontanés et de soudaines illuminations. On dirait qu'il craint de perdre un temps précieux à réfléchir longuement sur les objets d'étude qui s'offrent à lui, que, pressé par un besoin irrésistible d'assouvir sa curiosité toujours en éveil, il trouve son existence d'enfant trop courte pour étudier le monde extérieur si plein de formes et d'images et que, dans son désir de tout connaître, il effleure tout, il glisse sur tout, sacrifiant ainsi la profondeur et la solidité à la variété et à la multiplicité des connaissances.

Cette disposition de l'enfant à ne gouverner que de très loin les facultés de son esprit, la propension au changement et la mobilité d'humeur des jeunes écoliers s'expliquent : l'attention, c'est la volonté dirigeant l'intelligence qui se porte alors sur un objet particulier pour l'étudier; or le vouloir implique un effort et cet effort est difficile à cet âge.

Intéressé par le grand nombre de phénomènes qui impressionnent ses sens, séduit par le charme toujours croissant de ses perceptions, l'enfant examine tout, note tout, mais, dans son impatience de tout percevoir, il ne songe pas à effectuer un choix parmi les objets qui sollicitent son attention et à grouper ceux dont l'étude approfondie présenterait une utilité particulière; son intelligence se plaît, au contraire, à se disperser à tous les vents, et l'enfant se délecte plus qu'on ne croit dans ce désordre intellectuel.

A plus forte raison, prêtera-t-il une oreille peu attentive à des leçons dont les sujets se rapportent toujours à des questions nettement circonscrites.

D'ailleurs, les leçons de l'école ne mettent guère en œuvre que les facultés à peine écloses chez les jeunes écoliers, tandis que les vraies facultés enfantines, la perception extérieure et surtout l'imagination, n'y ont pas toujours le rôle actif qui leur convient. Exaltées par la contrainte, elles ne tardent pas à réagir avec leur vivacité naturelle.

Cette compression exercée sur elles rend plus pénibles encore les efforts imposés à l'écolier pendant les classes, et l'influence bientôt prépondérante de l'imagination ou des sens diminue la durée de l'attention de l'élève, en dirigeant dans un sens opposé toutes les forces vives de son esprit.

Aussi bien, l'étude, dont les enfants ignorent souvent l'utilité, exige de leur part une immobilité relative dans un espace resserré entre des murs invariables d'aspect, dans une atmosphère n'ayant ni les propriétés stimulantes du grand air ni les charmes indicibles de l'étendue illimitée.

Or ces nécessités de l'éducation et surtout de l'éducation publique diminuent encore pour les jeunes écoliers les attraits de l'étude elle-même.

En résumé, l'ardente curiosité des enfants est une des causes générales de leur inattention plus apparente que réelle; les limites étroites imposées à cette curiosité naturelle, le rôle trop secondaire de certaines facultés, l'ignorance de l'utilité des études élémentaires et l'immobilité prolongée sont des causes particulières de l'inattention des enfants pendant les leçons de l'école.

*
* *

Dans les jeux de plein air surtout, ces causes d'inattention n'existent point.

Ces exercices ne se composent pas seulement d'une série de mouvements prévus et réglés se succédant dans un ordre invariable, mais encore d'un nombre indéfini d'à-coups inopinés et de combinaisons inattendues stimulant sans cesse la curiosité des joueurs et provoquant l'étonnement des uns, l'admiration des autres, l'intérêt de tous.

Malheur à l'étourdi surpris à l'improviste par un adversaire habile et prompt : les quolibets et les admonestations pleuvent sur lui, une distraction légère d'un joueur quelconque pouvant compromettre le succès de la partie et priver ses partenaires du bénéfice de leurs prouesses antérieures.

Ici, je le répète, chaque mouvement normal peut donner lieu à des feintes brusquement imaginées, à d'autres mouvements subitement conçus et lestement exécutés, ayant pour but de mettre en défaut les joueurs maladroits, distraits ou imprudents ; ici, le nombre et la variété des perceptions et des illuminations soudaines et originales suffisent largement aux exigences les plus capricieuses de la curiosité enfantine ; ici, enfin, le cadre des exercices est presque aussi vaste que le champ de la pensée des personnages en scène.

Cela prouve déjà que les jeux de plein air mettent en œuvre l'intelligence. Plus que la gymnastique avec appareils, du moins telle qu'on l'enseignait autrefois, ces jeux bien organisés stimulent dans l'enfant toutes les forces vives de l'esprit.

Cette gymnastique savante, dont les règles

étaient aussi laconiquement formulées que des théorèmes de géométrie, donnait lieu à des leçons monotones, pendant lesquelles on voyait, au milieu des barres et des cordages, des jeunes gens impassibles exécuter simultanément divers mouvements de dislocation des membres, au commandement dur et solennel du maître.

Parfois le spectacle était moins varié : c'était alors une file de jeunes gens se succédant alternativement aux agrès dans un ordre déterminé, pour exécuter, sans souffler mot, une même série de mouvements gymnastiques exclusivement intéressants pour les plus habiles et les plus nerveux ; leurs camarades, résignés d'avance à faire preuve de maladresse ou d'impuissance, se hissaient avec effort aux appareils lorsque le maître l'ordonnait, pour se laisser choir bientôt après, satisfaits d'avoir rempli tant bien que mal leur corvée officielle, obligatoire. Même, sans les incidents provoqués par leurs contorsions inutiles aux agrès, rien n'aurait rompu la monotonie de ces leçons énervantes.

Je n'insisterai pas, dans ce chapitre, sur le rôle important réservé dans les jeux de plein air à la perception extérieure et à l'imagination ; la relation étroite existant entre l'exercice physique et ces facultés sera établie dans des études qui suivront.

Enfin, l'enfant peut ignorer les raisons d'ordre hygiénique et moral pour lesquelles les jeux de plein air sont à bon droit recommandés, et garder, si on le questionnait à ce sujet, un mutisme aussi profond que si on lui demandait de donner son avis sur l'utilité des premiers exercices d'écriture ou sur les conséquences des guerres de religion ; mais il n'est pas besoin qu'il soit en état de philosopher sur les bons effets des jeux, le bien-être succédant à cette dépense d'activité physique lui prouvant l'excellence de ces exercices, sans la moindre contention d'esprit de sa part.

Il serait étrange d'ailleurs que l'exercice physique ne mît point en œuvre toutes les forces vives de l'intelligence enfantine, car l'instinct le plus puissant du premier âge est la tendance au mouvement, et les jeux ne sont que les formes d'exercice les plus naturelles propres à satisfaire cet impérieux besoin.

Tous les animaux jouent; leurs parents les excitent à jouer ; les jeunes chiens et les jeunes chats, pour ne citer que les animaux les plus connus, se font remarquer par la vivacité de leurs allures et par le fol entrain avec lequel ils s'amusent entre eux.

L'enfant n'échappe pas à ce besoin; poussé par un irrésistible instinct, il recherche le mouvement sous les formes les plus diverses, et il dépense une activité physique souvent disproportionnée aux impressions reçues. Souvent, en effet, il crie pour le plaisir de crier, il court dans tous les sens, saute et gesticule de mille façons, sans but aucun et sans motifs apparents. S'il ne se mêle pas aux ébats de ses camarades, s'il reste trop longtemps immobile, il est fatigué ou malade, car, à l'état normal, son exubérance de vie l'oblige au mouvement à peu près continu.

Combattre par l'éducation ce besoin de mouvement serait un crime de lèse-humanité; livrer entièrement l'enfant à lui-même, lui donner une liberté absolue dans le choix des exercices physiques serait une maladresse et parfois une grave imprudence. Dans le premier cas, on tenterait de supprimer en lui l'instinct le plus puissant de tout être doué de vie; dans le second cas, on exposerait l'enfant encore ignorant et naïf aux dangers les plus sérieux.

Le rôle de l'éducateur consiste donc à rechercher tous les moyens de permettre à l'activité des écoliers de se manifester sans danger; les jeux collectifs de plein air répondent à cette condition : ils « ne demandent que des combinaisons de mouvements simples et d'attitudes naturelles. » (Dr Fernand Lagrange.)

De ces considérations générales, il résulte, d'une part, que ces jeux sont la distraction naturelle de l'enfant et que ce dernier y apporte d'instinct toute son attention; d'autre part, que les règles à suivre dans ces exercices exigent, pour être observées, l'attention réfléchie des joueurs.

*
* *

Nul ne songe à révoquer en doute que les jeux stimulent l'attention de l'enfant, mais comment cette éducation au grand air développera-t-elle le goût des écoliers pour l'étude? Il est permis de supposer que plus ils seront intéressés par ces exercices récréatifs, plus ils seront distraits ou inattentifs pendant les heures d'étude, l'étude différant essentiellement du jeu. Cette objection est plus spécieuse que fondée.

D'abord, un enfant maladif ou malingre est en général moins attentif que l'enfant sain et vigoureux; l'immobilité relative du premier, pendant les leçons, ne saurait donner le change au maître sur l'intensité et la durée de son attention; d'ordinaire, l'esprit en lui est aussi faible que le corps.

Si l'on considère que tout effort intellectuel entraîne une dépense d'énergie physique, on n'aura pas de peine à comprendre que, malgré sa bonne volonté, cet écolier débile donnera des signes non équivoques d'une prompte lassitude durant les classes.

Ses camarades mieux doués physiquement pourront se distraire avant lui dans beaucoup de cas, j'en conviens, mais si le maître est habile, ces écoliers au teint coloré, à l'œil émerillonné et à la puissante musculature lui accorderont sans faiblir toute l'attention désirable.

Que ce maître fasse l'essai de ses talents pédagogiques avec des enfants maladifs ou de complexion délicate, il pourra les intéresser un instant, mais en les excédant à bref délai, et cette fatigue nuira à la profondeur et à la durée de leur attention; l'expérience de chaque jour le démontre.

Or les jeux de plein air développent les forces physiques et affermissent la santé; ils contribuent donc à augmenter la puissance d'attention des écoliers; les bons maîtres ne l'ignorent point.

Aussi bien, l'enfant contracte dans ces jeux l'habitude de l'attention réfléchie, comme je l'ai dit plus haut; il s'exerce de la sorte à diriger ses facultés, à se conduire comme un être autonome, en un mot comme une personne.

Cette habitude de maîtriser ses folâtres instincts, de ramasser toutes ses forces pour leur faire produire à point nommé le maximum d'effet, retentit dans les profondeurs de son âme.

Ce n'est pas seulement une forme spéciale de l'attention qui se développe ainsi dans l'enfant, c'est encore l'attention elle-même.

Dans un tout aussi harmonieux que l'être humain, dans ce « bloc » d'une si merveilleuse unité, le développement d'une forme particulière d'une faculté quelconque ne peut pas se produire sans que cette faculté tout entière et toutes les facultés elles-mêmes grandissent, dans des proportions différentes, en étendue et en puissance.

Que l'enfant soit plus attentif dans les jeux que pendant les leçons, nul ne le conteste, mais que sa capacité d'attention n'augmente, pendant les jeux, que sous un aspect déterminé, voilà une affirmation contre laquelle on doit s'inscrire en faux sans hésitation, quand on songe à l'harmonie si étroite des éléments constitutifs de la personne humaine.

J'ai eu le bonheur de commencer mes études classiques dans une institution dirigée par un homme jeune, intelligent et surtout énergique.

Quoique souple et vigoureux, il n'en était pas moins apte à commenter un texte, à nous faire pénétrer dans le secret du nombre et de l'harmonie du style et à nous faire saisir, après les explications d'usage, par la lecture à haute voix, les plus délicates beautés littéraires.

Pendant les récréations, les élèves formaient des groupes; les uns s'exerçaient à des jeux d'agilité, les autres à des jeux de force; les plus petits se livraient avec ardeur au plaisir de la course dans une grande prairie attenante à l'établissement, ou jouaient à l'ours, à la souris coupée, au bâtonnet, etc.

La plus grande animation régnait parmi les

joueurs, dont les plus ardents étaient le directeur lui-même et son frère, jeune bachelier aux formes athlétiques.

Dix minutes avant la fin de la récréation, un coup de cloche annonçait la cessation des jeux; les élèves se reposaient quelques instants, puis les études recommençaient.

Jamais je n'ai constaté, parmi les élèves des nombreux établissements où j'ai continué mes études et exercé des fonctions éducatrices, l'émulation qui nous animait dans cette institution; les rivaux dans les jeux étaient des émules non moins ardents en thème ou en version, et le spectacle de nos leçons à l'évent dans un coin de la prairie ombragé par de vieux châtaigniers, où quelques instants d'avant nous avions fait assaut de vigueur et de souplesse, ravissait d'aise les plus indifférents et leur donnait plus de goût pour l'étude elle-même.

Là surtout, j'ai compris que l'on gagne du temps, en éducation, quand on sait en perdre, et que ces heures charmantes de la vie, pendant lesquelles l'enfant s'abandonne tout entier aux plaisirs de son âge, sont les heures où son imagination gracieuse surajoute à sa joie de vivre et d'agir, où son esprit se détend, où son intelligence grandit en spontanéité, en originalité, en énergie.

*
* *

D'ailleurs, l'union si étroite de l'âme et du corps impose au maître la nécessité de varier les occupations de ses écoliers; leur activité tout entière est ainsi satisfaite dans un laps de temps déterminé et l'équilibre normal de leurs facultés respecté par l'éducateur.

Par suite, après l'étude qui met surtout en œuvre les importantes facultés d'élaboration, vient l'exercice physique, principalement les jeux de plein air, où les facultés prédominantes dans l'enfant sont plus actives que les premières.

Si donc le maître est habile et humain, il fera succéder à l'étude mise au point et graduée les distractions athlétiques sagement réglées et choisies; de la sorte et en vertu de la tendance naturelle de nos facultés à s'équilibrer, les enfants récréés et fortifiés par l'exercice physique accorderont au maître, presque sans nul effort, l'attention nécessaire pendant l'étude.

Je dis même que cette attention sera pour eux un besoin, car elle sera provoquée par l'impérieuse nécessité de rétablir au profit des facultés d'élaboration l'équilibre intellectuel en parti rompu pendant les jeux. « Il faut que les enfants puissent revenir aux occupations utiles comme à un plaisir qui les divertit. Les choses n'iront bien que lorsqu'ils éprouveront du plaisir à faire les actions louables, et lorsque les exercices utiles du corps et de l'esprit, alternant les uns avec les autres dans leur vie, leur feront trouver agréable de vivre et de progresser, pour ainsi dire, dans une série ininterrompue de divertissements. » (Locke, traduction nouvelle par M. Gabriel Compayré, p. 161.)

CHAPITRE II

La perception extérieure.

Les premières facultés qui se forment et se perfectionnent en nous sont les sens. Une observation quelque peu attentive de l'enfant prouve la vérité de cette affirmation de Rousseau, d'une extrême importance en éducation.

Les sens ne se perfectionnent pas simultanément dans les mêmes proportions, durant le premier âge; tout le monde sait que la vue et l'ouïe, par exemple, se développent plus vite que l'odorat; mais chez les enfants qui franchissent pour la première fois le seuil de l'école, toutes ces facultés sont en partie formées et développées. Le maître se trouve ainsi en présence d'écoliers dont les organes des sens sont assouplis déjà par l'exercice.

Donc, à l'âge où l'enfant est à même de recevoir l'éducation scolaire, il a maintes fois éprouvé le plaisir de la découverte, le besoin d'explorer et d'étudier ce monde extérieur si riche en phénomènes, si varié dans ses modalités et si fécond en surprises; il est ainsi disposé à seconder avec élan les efforts de tout maître assez habile pour donner à son activité excitée les aliments qui lui conviennent.

A la sensibilité de moins en moins vague des organes de la perception extérieure correspond d'ailleurs une plus grande aptitude de l'enfant à discerner les sensations, c'est-à-dire à percevoir, à s'instruire.

Mettre à profit ces dispositions normales, tel est donc le premier devoir du maître et le plus sûr moyen d'initier à l'étude les bambins de nos écoles.

Aussi bien, les impressions des sens sont des matériaux destinés à être élaborés par les plus hautes facultés de l'intelligence; les résultats de cette élaboration seront rapides, faciles et abondants, si les données de la perception extérieure sont claires et nombreuses.

*
* *

De ces considérations générales, il résulte que le maître assez habile pour se conformer aux indications de la nature, en donnant aux enfants l'occasion fréquente d'exercer et de perfectionner leurs sens, mettra en action et en valeur l'intelligence de ses élèves, leur inspirera par degrés le goût des vérités abstraites rendues intelligibles à ses écoliers par cette manière d'agir, c'est-à-dire leur fera aimer l'étude elle-même, sans la transformer en un jeu puéril par des procédés artificiels.

De là, l'utilité de l'éducation des sens et, par conséquent, celle des jeux, des jeux de plein air surtout, qui sont des moyens variés et intéressants d'exercer les sens supérieurs.

Mais ces facultés n'ont pas toutes la même importance; la vue l'emporte sur toutes les autres par la promptitude, la variété et le charme de ses perceptions. Rien n'égale la joie de l'enfant à qui l'on donne un jouet aux couleurs éclatantes, la folle gaîté du sauvage qui reçoit en cadeau un hochet brillant, l'émotion qui s'empare de tout homme, lorsque, pour la première fois, il contemple du haut d'une cime l'immense panorama se déroulant sous ses yeux, les colorations variées de la nature sauvage et de la nature cultivée, le vert sombre des forêts tranchant sur le vert tendre des prairies ou les reflets grisâtres des pentes dénudées et, dans le lointain, les teintes azurées des pics limitant l'horizon.

La netteté et la précision des impressions visuelles présentent d'ailleurs un caractère exceptionnel d'utilité pratique. La justesse du coup d'œil est nécessaire à tous, au jardinier qui trace des plates-bandes, au laboureur qui creuse des sillons, au tailleur qui confectionne des costumes, à l'architecte qui dessine des monuments ou des habitations, etc.

L'éducation de l'œil comprend l'hygiène de l'organe et la culture du sens.

A ce double point de vue, les jeux de plein air sont d'une très grande utilité.

Dans l'école, l'enfant immobilisé pendant des heures entières dans des tables-bancs est sujet à des congestions céphaliques pouvant entraîner des troubles visuels; l'étroitesse de l'horizon, la petitesse des caractères imprimés ou manuscrits qu'il lit ou qu'il trace, l'excès ou le défaut de lumière, la couleur trop blanche du papier, etc., nuisent à sa vue.

Dans les jeux de plein air, au contraire, ses regards s'étendent au loin dans l'espace; ses yeux ne sont jamais éblouis par une lumière trop vive ou fatigués par une clarté insuffisante, puisqu'il est libre de changer de place; enfin, sa vue se repose, agréablement impressionnée par l'azur du ciel, les teintes bleuâtres des objets éloignés et la coloration verte des plantes et des prairies. Aussi, ne voit-on guère des myopes ou des gens ayant une vue défectueuse parmi les habitants de nos campagnes.

Le sens de la vue se perfectionne dans ces jeux; l'enfant y acquiert à la longue une grande justesse et une promptitude étonnante du coup d'œil. Quelques exemples en feront foi; il suffit d'analyser succinctement des jeux très simples et très connus et d'en montrer les effets à ce point de vue spécial.

Dans le jeu de billes, si cher aux enfants, et que le P. du Cerceau a célébré avec enthousiasme en vers latins, on ne produit jamais les effets désirés sans une grande sûreté du coup d'œil.

Dans le palet, très connu dans le Béarn, l'un des joueurs — le trimeur, — muni d'un projectile, un béret ou un mouchoir noué, est placé vis-à-vis d'une pierre solidement enfoncée dans le sol, et dont la face supérieure, plane et horizontale, est en saillie de quelques centimètres sur le terrain environnant. Sur cette face est posé un petit caillou rond.

A une distance de 6 ou 7 mètres environ, se trouvent les joueurs en nombre quelconque, pourvus chacun d'une pierre de grosseur moyenne, en Béarnais « lou palét ».

Le premier joueur lance son palet de manière à toucher et à renvoyer le petit caillou aussi loin que possible, ce qui exige déjà une vue exercée. Si le coup est heureux, il cherche à reprendre son palet et à revenir au point de départ avant que le trimeur ait replacé le petit caillou dans sa position première. Si le trimeur, après avoir accompli cette besogne, touche avec son béret lancé à la volée le joueur regagnant sa place, ce dernier devient trimeur à son tour; dans le cas contraire, la partie continue dans les mêmes conditions.

L'animation des joueurs est vivement excitée lorsque plusieurs n'ont pas touché le but; c'est un trépignement général, lorsque le dernier joueur manque le but à son tour.

La partie devient alors intéressante et comique; les plus hardis s'élancent vers leurs palets en bondissant pour éviter le béret du trimeur; les plus lourds et les plus timorés font du bruit et simulent des témérités déconcertantes pour l'adversaire aux aguets, qui parfois se dessaisit maladroitement du projectile redouté. La promptitude et la sûreté du coup d'œil sont ici nécessaires au trimeur, pour toucher un de ses camarades, et à ses adversaires, pour éviter le béret ou le mouchoir lancés sur eux au moment opportun.

Dans le jeu des grosses quilles, si répandu dans le Midi, le joueur doit avoir une vue exercée pour lancer la boule de manière à produire les effets voulus. Tantôt il doit toucher la quille servant de but à sa partie médiane, de telle sorte que celle-ci, après le choc, en renverse une seconde et que la boule prenne, sans bouger, la place de la première; tantôt il doit atteindre la quille visée à droite ou à gauche du renflement, pour que la boule soit renvoyée vers une autre quille ou dans une direction prévue.

Le jeu des quilles basques, très connu dans le Béarn, forme et perfectionne surtout le coup d'œil.

Il se compose de six quilles de forme conique dont trois sont plus courtes que les autres. On les place sur deux rangées parallèles, à une faible distance les unes des autres, les plus grandes derrière les plus petites.

Les joueurs, en nombre quelconque, sont munis de trois bâtons cylindriques dont la longueur est moindre que la distance de deux quilles voisines. A l'aide de ces bâtons, les joueurs placés à 25 ou 30 mètres du jeu doivent faire tomber les quilles à l'exception d'une seule. Si cette dernière menace de tomber, le joueur prend son élan pour la saisir avant qu'elle touche le sol. S'il arrive à temps, il a gagné. Les coups ne sont pas toujours heureux, à cause de la distance variable suivant les conventions. J'ai vu cependant des enfants devenir très habiles par l'exercice, et s'ingénier même à compliquer le jeu pour avoir le plaisir de triompher de difficultés volontairement accumulées.

Dans le jeu de balle au mur, ne faut-il pas également une grande sûreté et une grande promptitude du coup d'œil pour saisir la balle à point nommé et pour la renvoyer à droite ou à gauche, suivant la position des adversaires les plus adroits, sans dépasser les limites du jeu?

Mais l'exercice qui donne au sens de la vue une précision extrême et fort désirable, c'est le tir. Il faut une année à un jeune homme agile pour exécuter avec habileté les exercices militaires; des années pour qu'il devienne un bon tireur. On pourrait d'abord habituer les enfants de nos écoles au tir de l'arc et les préparer ainsi au tir du fusil, sans obérer les budgets municipaux.

Le tir de l'arc exige un coup d'œil très juste et une grande sûreté de main; lorsque l'arc est fortement tendu, il est rare que le bras gauche ne soit pas agité par des tremblements ayant pour effet de faire dévier la flèche.

Ces divers jeux donnent encore de la souplesse aux muscles des bras et dégourdissent la main; les doigts deviennent plus déliés et le sens du toucher ne peut que gagner en précision et en délicatesse à l'accroissement de dextérité de l'organe.

D'ailleurs, l'écolier s'exerce, dans les jeux, à

soupeser des corps, à se rendre compte de la différence de leurs poids et de leurs formes : ainsi, ce n'est pas à la légère qu'un enfant choisit son palet ou ses billes; or le poids et la forme des corps sont des perceptions du toucher.

Dans certains jeux, tels que le colin-maillard et le cache-cache, le patient et le cligne-musette doivent s'orienter d'après les cris de leurs camarades ou d'après les bruits les plus légers; dans le colin-maillard, le patient doit même reconnaître, les yeux bandés, le joueur appréhendé par lui.

Les sens du toucher et de l'ouïe se perfectionnent ainsi dans de simples jeux d'enfants; les joueurs s'y habituent à discerner des objets ou des individus à l'aide des seules perceptions du toucher et à se diriger d'après l'intensité ou la direction des sons.

Aussi bien, l'ouïe se perfectionne dans la plupart des exercices collectifs de plein air. Dans le jeu de barres, par exemple, les cris des joueurs sont des indications rapides mises à profit par leurs alliés et par leurs adversaires; la nature, l'intensité et la direction de ces cris suggèrent aux uns et aux autres avec promptitude des déterminations opportunes. Sans perdre du temps, les joueurs redoublent à propos de vitesse ou ralentissent leur allure ; ils s'élancent en avant ou reviennent sur leurs pas; ils changent de direction à point nommé pour éviter les surprises de leurs concurrents ou ils fondent sur eux à l'improviste.

En outre, la multiplicité et la variété des expériences forment et même affinent la vue, l'ouïe et le toucher, c'est-à-dire les sens supérieurs, dans ces exercices où les combinaisons sont si promptes et les actes si lestement exécutés.

Enfin, les erreurs commises par un joueur quelconque y sont relevées sans délai par ses camarades attentifs, et, d'ordinaire, il n'est nullement besoin de recourir à des évaluations minutieuses pour mettre ces fautes en évidence; le joueur maladroit les reconnaît sur-le-champ et découvre presque à l'instant les moyens de les éviter désormais.

CHAPITRE III

La perception intérieure ou la conscience psychologique.

L'homme connaît ses facultés et juge de son âme par la conscience, que l'éducation et l'exercice forment et développent.

La conscience se manifeste chez l'enfant lorsqu'il coordonne les mouvements destinés à satisfaire les sentiments qu'il éprouve. La parole facilite l'action de cette faculté, car, pour exprimer sa pensée, l'enfant doit l'analyser : les langues, a dit Condillac, sont autant de méthodes analytiques.

Suivant les circonstances, l'écolier de six à sept ans peut être déjà un psychologue, et très souvent il saisit la vérité du premier regard de son esprit que n'ont pas encore faussé les préjugés du monde ou les préventions de l'âge mûr. S'il osait, à certains moments, révéler toutes ses impressions à ses parents ou à ses maîtres, ils admireraient la vérité et la finesse de ses analyses.

Extrêmement curieux, l'enfant se plaît à observer; or l'observation est ici un moyen de découvrir la vérité. Il n'est donc pas étonnant que l'enfant, en présence duquel on ne se compose guère, discerne les qualités et les défauts de ceux qui l'entourent, et surtout de ses camarades plus sincères avec lui qu'avec les personnes âgées. « Si les jeunes écoliers peuvent juger leurs maîtres, à plus forte raison peuvent-ils se juger les uns les autres. Et ils s'y entendent fort bien. Non qu'ils soient de justes appréciateurs en toute occasion et en tout genre de mérite ou qu'ils soient assez sévères pour certains défauts; mais, dans l'ensemble, ils ne se trompent pas beaucoup plus sur le compte de leurs camarades que sur celui de leurs maîtres. » (M. Vessiot, *De l'éducation à l'école*, p. 331.)

La fréquentation et l'observation de ses amis facilitent à l'écolier la connaissance de soi-même; comme leur langage naturel, si vivant et si expressif, met en relief toutes leurs émotions, il peut connaître les états mentaux les plus saillants de ses camarades, sans faire preuve d'une grande pénétration d'esprit, et bientôt leurs moindres gestes sont pour l'enfant observateur comme des rayons de lumière éclairant les profondeurs de leur intimité. Par analogie, le jeune écolier peut s'étudier et se connaître avec plus de précision : « L'enfant, par sa situation d'être social et parlant, est forcé d'instituer une sorte de psychologie comparée. Plus l'observation objective a fait de progrès, plus l'observation introspective en peut faire. » (M. Bernard Pérez, *L'enfant de trois à sept ans*, p. 151, 152.)

La fréquentation de ses camarades donne encore à l'écolier l'occasion de discuter librement avec eux et de faire l'analyse prompte et claire de ses pensées.

Enfin, pour donner même aux plus jeunes élèves le sentiment très vif de leur individualité et pour aiguiser leur conscience, il est utile de leur confier un rôle actif aussi souvent que possible; l'idée de cause, directement saisie par la conscience réfléchie, devient ainsi plus précise dans leur intelligence.

∴

Dans tous les jeux collectifs, l'enfant observe et réfléchit.

Tantôt l'œil fixé sur l'ensemble des joueurs, il cherche à se rendre compte de leurs mouvements d'âme généraux; tantôt, il scrute du regard les intentions d'alliés ou d'adversaires dont le rôle s'accentue; il éprouve alors des émotions variées qui pourront devenir l'objet de ses réflexions ultérieures.

L'examen des gestes et des physionomies lui fait connaître les traits saillants du naturel de ses camarades; ces analyses, quoique rapides et superficielles, sont d'autant plus justes, à certains moments, que les joueurs surexcités ne songent pas à donner le change à leurs adversaires en modérant les sursauts de leur gaîté ou de leur dépit.

Au plus fort de l'action, en effet, les impressions des joueurs les plus habiles se manifestent malgré eux. Après les coups vivement attendus, au moment où la partie est comme suspendue, la contrainte n'étant plus de rigueur, une détente générale se produit. Les bonds, les trépignements des vainqueurs exprimant ainsi ce qu'ils ne peuvent dire, l'attitude des vaincus lançant à leurs adversaires des défis audacieux et invectivant contre leurs alliés inhabiles ou imprudents, décèlent alors les traits distinctifs de tous les caractères. On discerne sans peine les natures impétueuses et franches des natures violentes et sournoises, les joueurs énergiques et calmes des joueurs pétulants et d'humeur changeante; les individualités en un mot se trahissent dans ces moments d'animation générale, et se détachent en plein relief, par telle faculté maîtresse, telle propension dominante, telle humeur spécifique. Les joueurs, qui d'instinct ne cessent de s'observer, peuvent alors se mieux connaître.

Les jugements ultérieurs qu'ils porteront les uns sur les autres ne sont pas d'ordinaire le résultat de réflexions hâtives. L'enfant est intéressé à procéder ici avec discernement : il s'agit, en effet, pour lui, de distinguer ceux de ses camarades qu'il vaut mieux avoir pour alliés que pour adversaires, et ce choix exige de sa part la connaissance assez claire de leurs qualités et de leurs défauts essentiels.

Il est curieux de constater parfois l'identité

des sentiments éprouvés par des enfants à l'endroit de certains de leurs compagnons de jeux même très habiles à se composer : j'ai vu des écoliers refuser en bloc et pour les mêmes motifs d'accepter pour alliés ou pour adversaires des joueurs cependant très exercés et très circonspects.

Il est vrai que l'enfant se remémore, après les jeux, ce qu'il a éprouvé, ce qu'il a perçu pendant l'action; sa mémoire si fidèle et le calme de sa pensée facilitent alors le travail de sa conscience.

Il se demande d'abord pourquoi il a échoué dans telle ou telle combinaison et il s'étudie pour découvrir en lui les défauts ou les imperfections qui ont nui à son succès. Sans doute, son amour-propre dénature ici ses impressions et fausse, à de certains égards, l'action de sa conscience, mais il se perçoit toutefois, d'une manière générale, tel qu'il s'est montré pendant les jeux, et il éprouve un sentiment de malaise et comme un vague remords de se mentir à lui-même, lorsqu'il s'attribue des qualités exagérées ou qu'il ferme les yeux sur des défauts trop saillants.

Il juge ensuite ses camarades et il utilise, à

cet effet, les observations déjà faites durant les jeux. Les variations fréquentes de leur humeur et de leur état d'esprit le mettent en garde contre des généralisations précipitées; mais, à travers ces changements, l'enfant découvre leur naturel, relativement immuable sous ces brusques métamorphoses, comme un caillou dans un torrent, immobile sous l'eau changeante.

L'enfant s'aperçoit ainsi qu'il existe entre ses amis et lui des ressemblances générales, et il constate en même temps que cette analogie mentale présente des nuances si variées et si caractéristiques qu'elles différencient leurs individualités. Il tient compte de ces données dans ses rapports avec ses compagnons de jeux et dans les combinaisons intéressées de sa diplomatie naissante.

Mais les enfants échangent entre eux leurs impressions, et c'est ainsi que chacun d'eux profite encore des observations des autres. Les joueurs, unis par une étroite affection, aiment surtout à juger leurs camarades dans des causeries intimes; les charmes de ces confidences à huis clos et d'une liberté complète de parole et d'allures accentuent la finesse de leur esprit et l'originalité de leur verve.

En outre, l'enfant déploie ses facultés, dans les jeux collectifs, avec une extrême vivacité, stimulé par le sentiment profond de ses intérêts et de ses droits. La liberté dont il jouit, contenue dans des limites imposées par la justice, précise et agrandit en lui la notion de sa personnalité; ici, plus que partout ailleurs, le plus jeune écolier lui-même est contraint de jouer un rôle actif, intéressant et nettement défini.

*
* *

Je n'ignore point que l'enfant n'a pas toujours, dans les jeux collectifs, la conscience claire de ce qui devrait l'éclairer, que ses observations présentent des trous et des lacunes, que la minutie et la mesquinerie de ses analyses nuisent parfois à la justesse et à la clarté de ses synthèses, qu'il se laisse séduire par certains aspects de la vérité qui sont en harmonie avec ses tendances personnelles, que ses études mentales peuvent ainsi manquer de cohésion, d'unité et d'ampleur, qu'enfin il ne lui est pas toujours possible de traduire ses impressions dans une langue assez souple, assez riche pour faire corps avec sa pensée capricieuse et pour en suivre tous les méandres, ce qui nuit encore à la précision de ses analyses et à la sûreté de son jugement; mais je suis néanmoins convaincu que l'enfant acquiert, dans ces jeux, la conscience de son individualité et de ses modalités essentielles, comme je suis persuadé qu'il acquiert le sentiment vrai de l'équilibre et de ses conditions fondamentales, lorsqu'il s'ingénie avec des camarades à faire tenir des corps debout, quoiqu'il ignore les règles savantes de la statique et qu'il soit incapable de formuler ses observations dans une langue claire, rigoureuse et mathématique.

CHAPITRE IV

La mémoire.

La mémoire est une des facultés les plus développées durant le premier âge. L'enfant conserve sans nul effort le souvenir de ce qui l'impressionne et de ce qu'il perçoit; la puissance de sa mémoire est en quelque sorte providentielle, car il doit acquérir le plus tôt possible des connaissances très variées pour entrer en relations avec ceux qui l'entourent et pour vivre de plus en plus de la vie intellectuelle.

Si sa mémoire était lente ou fugace, il perdrait un temps précieux à fixer dans son intelligence les idées acquises, ou il serait obligé de renouveler sans cesse les expériences déjà faites et condamné de la sorte à de fréquents retours en arrière, à des tâtonnements continuels; la vie de l'esprit serait en lui tardive et toujours languissante.

Toutefois, l'enfant ne conserve pas avec la même facilité toutes les idées. Celles qui ne sont pas à sa portée ou qui ne se rattachent à aucun objet sensible connu de lui, les notions trop abstraites et trop générales, glissent d'ordinaire sur son intelligence, n'y laissant que des traces fugitives; tandis que les idées concrètes et accessibles à sa faculté de compréhension conservent longtemps dans son esprit, à l'état de souvenirs, la fraîcheur et la netteté des perceptions correspondantes.

Il convient de rechercher les conditions essentielles qui facilitent l'exercice de la mémoire enfantine. Si les jeux satisfont à quelques-unes de ces conditions, ils seront un moyen de culture de cette faculté, dans des limites cependant restreintes; car l'étude est, sans conteste, le principal moyen d'éducation de la mémoire. Le grand nombre et la variété des idées qui constituent le fond de l'enseignement scolaire, imposent à la mémoire des écoliers des efforts continus et très dissemblables quant à leur objet; cette faculté se perfectionne ainsi autant que le permet sa capacité naturelle, son énergie propre.

*
* *

Les conditions qui facilitent le souvenir sont de deux sortes : les unes physiologiques, les autres psychologiques.

Le bien-être de la tête, la circulation régulière et active du sang dans le cerveau et le bon état de santé influent sur la rapidité d'acquisition des idées et favorisent leur réapparition dans l'esprit. Il est rare, en effet, qu'un enfant naturellement débile ou affaibli par la maladie soit doué d'une mémoire puissante; la dépense d'activité intellectuelle qu'exige le rappel des souvenirs excède d'ordinaire ses forces et son énergie; ses tentatives vaines ou fructueuses sont bientôt suivies de lassitude et l'enfant hésite à renouveler des efforts inutiles ou fatigants. On ne doit pas ignorer d'ailleurs que « la fonction rétentive est la plus haute énergie du cerveau, le comble de l'activité nerveuse. » (A. BAIN, *La science de l'éducation*, p. 18.)

La pureté de l'atmosphère ambiante facilite également l'exercice de la mémoire. Tout le monde sait que le travail intellectuel du matin dans une chambre aérée et rafraîchie par la brise est plus efficace que le travail du soir dans une pièce dont l'atmosphère a été viciée par l'éclairage et les produits de la combustion ou par l'agglomération d'un certain nombre de personnes : « On perd sensiblement la faculté de se souvenir et la lucidité d'esprit dans une atmosphère trop chargée d'acide carbonique. » (H. Marion, *Leçons de psychologie appliquée à l'éducation*, p. 361.)

L'exercice physique convenablement réglé est donc favorable à l'action de la mémoire, car il augmente la vitalité générale de l'enfant, mais c'est surtout dans les jeux collectifs de plein air que cette faculté est vivement stimulée.

Ici, la liberté invite déjà l'écolier à déployer toutes ses aptitudes et le bien-être général succédant au mouvement libre l'excite encore à mettre en jeu toutes ses forces vives. Sa physionomie s'anime et se colore; il respire à pleines gorgées l'oxygène pur; le sang afflue à son cerveau, plus riche et plus vivifiant, et la circulation entière se régularise et s'accélère.

Ce bien-être physique si vivement senti par l'enfant qui joue met en valeur toutes les facultés de l'intelligence et particulièrement la mémoire.

Si les maîtres font succéder l'étude à des exercices physiques appropriés aux forces et aux goûts de leurs élèves, ils rendront plus facile à tous leurs écoliers le travail d'acquisition et de conservation des idées, pendant les classes. « Dans l'intérêt de l'activité intellectuelle, il faut que le système musculaire, le système digestif et, en un mot, toutes les parties de l'organisme soient exercées dans la mesure qui donne à l'organisme tout entier son maximum de force générale. » (A. BAIN, *La science de l'éducation*, p. 17.)

Les conditions psychologiques les plus importantes qui facilitent l'exercice du souvenir sont la vivacité des impressions, l'attention et l'association logique des idées.

Or, j'ai déjà montré, dans un chapitre précédent, que l'enfant est attentif et plein d'animation pendant les jeux.

En outre, l'ordre qui règne dans ces exercices toujours réglés favorise la facilité, la ténacité et la promptitude des souvenirs.

*
* *

J'ai prouvé, dans les chapitres antérieurs, que les jeux exercent et perfectionnent les sens et la conscience, c'est-à-dire qu'ils accroissent l'expérience de l'enfant et contribuent à instruire même les jeunes écoliers.

Ces notions se gravent dans l'esprit des joueurs, car elles ont été acquises dans les conditions les plus favorables au souvenir : « Les enfants, dit Rousseau, oublient aisément ce qu'ils ont dit et ce qu'on leur dit, mais non pas ce qu'ils ont fait et ce qu'on leur a fait. »

Ces exercices développent surtout chez les écoliers la mémoire des physionomies et celle des lieux, deux formes particulières de la mémoire proprement dite. Le jeu des physionomies apparaît encore après l'action aux joueurs exercés, qui en distinguent parfois les expressions les plus fugitives. Ces athlètes se souviennent aussi des moindres incidents de la partie et ils revoient tous les accidents de terrain qui ont facilité leurs mouvements et leurs combinaisons ou préjudicié à leur succès.

Enfin n'aurait-il à retenir que les règles des

eux et à conserver le souvenir des modifications qu'il a le droit d'introduire dans les combinaisons normales pour mettre ses adversaires en défaut, le joueur fait encore appel à sa mémoire, qui se perfectionne avec d'autant plus de sûreté que rien n'excède ici la portée de son intelligence.

La mémoire de l'enfant grandit surtout en spontanéité et en promptitude, dans les jeux collectifs.

A quoi servirait à un joueur de connaître les règles des jeux et de recueillir des indications utiles si, à point nommé, ces notions ne se représentaient pas à son souvenir, si, dans les moments décisifs, la lenteur de sa mémoire l'empêchait de retrouver sur-le-champ les combinaisons les plus favorables à sa cause et les moyens les plus sûrs d'en assurer le succès? « Voyez les enfants, a dit M. Guizot, au milieu d'une partie de barres; ils sont en grand nombre, ils se croisent dans leurs courses; sont-ils jamais embarrassés pour se rappeler quel est celui qu'ils peuvent faire prisonnier et celui par lequel ils ont à craindre d'être pris eux-mêmes? Toutes leurs facultés, la mémoire, l'attention, le jugement, se déploient avec une énergie et une rapidité singulières; c'est qu'ils agissent; c'est que toutes les forces de leur esprit et de leur corps s'exercent de concert; c'est que rien ne contrarie et ne gêne ce besoin de la nature. »

D'ailleurs, il serait à plaindre le joueur plongé dans l'incertitude, qui s'efforcerait de ressaisir la notion d'une règle oubliée par lui ou qui donnerait, par des lenteurs d'esprit intempestives, des chances sérieuses de succès à ses adversaires; ses alliés, déçus et irrités, l'interpelleraient avec véhémence; ses adversaires ne lui ménageraient ni les encouragements ironiques ni les quolibets mordants.

CHAPITRE V

L'imagination.

Tous les enfants vigoureux n'ont pas une imagination vive et forte; mais quoiqu'il soit difficile de déterminer l'action directe du tempérament et de la constitution sur cette faculté, on doit reconnaître que les désordres intellectuels produits par certaines maladies exercent sur elle une influence considérable, et que, dans les cas les plus fréquents, l'imagination devient plus puissante et surtout moins incohérente et moins sombre, lorsque la santé s'améliore. Ce n'est pas lorsque le corps est malade ou languissant que l'imagination est d'ordinaire ardente et féconde.

La nourriture elle-même, en modifiant nos dispositions physiques, influe sur cette faculté :

les aliments azotés, les vins généreux et certaines boissons, telles que le thé et le café, font éclore dans l'esprit des représentations brillantes et gaies, parce qu'ils stimulent notre énergie nerveuse et musculaire.

Or les jeux de plein air activent la circulation du sang qui, purifié sans cesse, répand une vie intense dans l'organisme tout entier; dans les conditions normales, cette augmentation d'énergie physique accroît la force et la vivacité de l'imagination, et comme, sous l'influence d'un bien-être profond, l'enfant qui joue est disposé à voir tout en beau, son imagination devient encore gracieuse et riante.

On peut objecter que certaines affections morbides, la névrose, par exemple, surexcitent cette faculté; la réponse est bien simple : il s'agit ici non de l'imagination déréglée, mais de l'imagination normale et tempérée par le bon sens, non de la « folle » mais de la « fée bienfaisante » du logis; or, chez les névrosés, cette faculté est exaltée et pervertie.

*
* *

Aussi bien, l'enfant, poussé par un irrésistible instinct, recherche la société des enfants de son âge; la solitude assombrit son humeur. Le fils unique se distingue en général par une tendance plus ou moins accentuée à la morosité; il n'a pas d'ordinaire la vivacité, la bonne humeur de l'enfant qui a des frères ou des sœurs.

Or les jeux collectifs favorisent l'éclosion des sentiments généreux chez tous les joueurs, et développent en eux les inclinations sympathiques si étroitement unies à l'imagination.

Dans ces jeux, l'écolier communique sa gaîté à ses camarades dont l'humeur joyeuse réagit sur la sienne, par une sorte de contagion morale très puissante; sa joie est augmentée de la leur.

Tout l'invite ici à jouir du présent, à trouver l'existence heureuse.

Il ne voit même pas la réalité telle qu'elle est dans ces moments d'agitation; la physionomie de ses camarades, leurs attitudes, tout ce qu'il sent et tout ce qu'il perçoit est embelli et poétisé dans l'esprit de l'enfant qui joue.

Après ces exercices, les incidents et les phases du jeu se retracent dans sa pensée; ce qu'il se remémore le mieux, c'est la catégorie des impressions agréables. Il revoit ses camarades en mouvement et les lieux témoins de ses ébats et de ses prouesses.

C'est ainsi que se gravent dans l'âme de l'enfant les plus durables de ses souvenirs. Devenu homme et même au déclin de sa vie, l'écolier d'autrefois songera non sans émotion à ses compagnons de jeux, aux lieux où il rivalisait d'énergie et de gaîté avec ses jeunes amis. Séduit par le charme attendrissant de ces souvenirs, il se représentera, surtout dans le calme enveloppant de la solitude, les physionomies rayonnantes de ses camarades, se détachant en plein relief dans le clair-obscur de ses pensées et de ses rêves, et les coins privilégiés de son village natal où son activité se donnait follement carrière.

∴

Les images se combinent aussi dans l'esprit de l'enfant qui joue. Elles forment, dans la pensée des joueurs, des alliances, les unes harmonieuses, les autres bizarres et excentriques.

Des illuminations soudaines révèlent à l'enfant, même après les jeux, des modifications d'attitudes et de mouvements et des dispositions nouvelles, défavorables à des adversaires ou curieuses par l'étrangeté des représentations mentales correspondantes.

Dans ces moments de rêve, le joueur distribue ses camarades dans les divers groupes, au gré de son imagination exaltée. Parfois, il se complaît à imposer à un de ses vainqueurs une défaite inévitable en le mettant en face d'un rival agile et vigoureux; parfois, il se figure que l'issue d'une partie disputée dépend de sa force, de son adresse et de son agilité. Il dramatise alors les phases de la lutte; comme il n'est guère disposé à se donner un rôle de vaincu, il s'attribue le succès, succès dû à des qualités imaginaires dont il jouit par la pensée comme s'il les possédait.

Parfois encore, l'enfant perçoit, dans des visions rapides, la mêlée confuse des joueurs dont le nombre et la masse mouvementée, agrandis sans mesure, lui donnent l'impression des foules agitées par des passions. Tout, dans son esprit, sort, pendant ces moments de rêve, du cadre de la vie réelle, pour revêtir les formes et atteindre les proportions de l'extraordinaire et du fantastique.

C'est surtout dans des causeries intimes que les joueurs font échange de leurs impressions; c'est alors qu'ils se plaisent à former les alliances les plus étranges et souvent les plus grotesques d'images et d'idées, à s'émouvoir mutuellement par les récits de leurs exploits imaginaires ou de scènes romanesques, dont les héros se distinguent en général par une audace, une agilité et une force surhumaines.

Ils ne sont pas dupes de leurs fictions, mais je sais par expérience qu'ils en subissent néanmoins tout le charme.

Tous les enfants n'ont pas, j'en conviens, la même puissance d'imagination. Il y en a qui ne sont guère impressionnés que par la réalité seule, tandis que d'autres s'abandonnent, après les jeux, aux douceurs de la rêverie; cependant l'expérience personnelle m'a prouvé que tous les écoliers exercés et habitués aux jeux collectifs de plein air ont une tendance marquée à se transporter par la pensée dans le domaine illimité de la fantaisie, sollicités déjà par le besoin de sentir de l'âme humaine, auquel, a dit Cousin, le monde entier ne répond pas.

D'ailleurs personne ne dénie à l'enfant l'amour de la fiction et le besoin de modifier et d'embellir à son gré la réalité qui l'a satisfait et séduit.

Or les jeux collectifs sont la distraction nécessaire et favorite de l'enfant normalement constitué; n'est-il donc pas naturel de croire qu'ils stimulent son imagination et lui fournissent les matériaux de ses rêves les plus sains et les plus joyeux?

Cette imagination indépendante de la réflexion ou peu s'en faut, est, il est vrai, sujette au caprice et à l'excentricité; mais ses écarts excessifs ne sont en grande partie que le résultat d'observations incomplètes et de perceptions confuses. Le monde fictif, en effet, n'est si différent du monde réel que parce que celui-ci est insuffisamment exploré et connu, et l'imagination ne flotte dans les chimères que parce que l'esprit n'a perçu la réalité que sous des formes incertaines. Obliger l'enfant à saisir la réalité de près et dans tous ses détails essentiels, c'est mettre un frein à sa fantaisie. Exercer les sens est donc un moyen de discipliner l'imagination enfantine; or, quels sont les exercices plus propres que les jeux à procurer aux enfants des sensations très nettes et des perceptions très justes?

*
* *

Il est une autre forme de l'imagination qui joint la réflexion à la mémoire et à la combinaison. Elle est toujours en harmonie avec le jugement qu'elle illumine et qu'elle étend.

Les jeux collectifs la mettent vivement en œuvre. On sait que ces exercices se prêtent à des combinaisons variées; or l'enfant ne découvre le plus souvent les modifications originales des mouvements normaux qu'après avoir sérieusement réfléchi. Les images ne font alors qu'exciter son activité mentale. La raison de l'enfant règne sur ces images; au lieu d'être subordonnée à l'imagination, la raison s'associe cette faculté et la fait servir à ses fins.

Il n'est pas nécessaire de fréquenter longtemps des écoliers qui jouent avec ardeur pour être convaincu de la vérité de mes affirmations.

Qu'on me permette ici de citer un fait dont j'ai été autrefois le témoin.

Dans une partie de lutte courtoise mais très animée, entre un de mes camarades et mon frère puîné, celui-ci eut le dessous. Il convint de sa défaite, mais en laissant poindre un vif sentiment de dépit. Pendant quelques jours, il s'ingénia à découvrir les moyens de « tomber » son vainqueur et de prendre ainsi une revanche.

Tantôt je le voyais arc-bouté et solidement appuyé sur ses jambes écartées, simulant des mouvements d'attaque ou de défense, les bras contractés comme pour saisir ou retenir un objet; tantôt, il était pensif et rêveur, cherchant à découvrir des attitudes et des formes inconnues de mouvements athlétiques favorables à son dessein; tantôt enfin, il me priait de lui servir d'adversaire pour se rendre compte de l'ingéniosité de ses découvertes.

Ses essais ne durèrent pas longtemps; l'expérience lui prouva bientôt l'inutilité de ses combinaisons et l'incontestable supériorité de son rival.

Ces recherches de moyens, ces tentatives d'invention, sont parfois collectives; les écoliers s'associent alors pour se donner des conseils, pour s'encourager et s'exciter. Ils n'admettent toutefois dans ces associations que leurs amis les plus intimes, qui ont les mêmes rivaux à vaincre et les mêmes intérêts à soutenir.

Ici, l'imitation vient en aide à l'enfant. Ce qu'il a vu faire, il veut le reproduire. L'enfant le fait d'autant mieux qu'il se représente avec vivacité les mouvements individuels ou collectifs qu'il a vu exécuter ou qu'on lui a décrits. Ce qu'il préfère imiter, associé avec ses camarades, ce sont les drames dont les héros l'ont séduit par leur intrépidité et leur vigueur; on dirait que, dans sa faiblesse, il considère d'instinct la force corporelle comme une fin, comme l'objet suprême de son ambition. L'enfant robuste et sain, l'enfant normal, est toujours un admirateur passionné du dévouement, de la générosité, de l'héroïsme; mais il s'enthousiasme aussi pour l'adresse et la puissance musculaires; dans sa pensée, l'intelligence, la force d'âme, la bravoure, la bonté, en un mot les qualités essentielles de l'esprit et du cœur sont les attributs nécessaires de l'homme fort, et lorsqu'il se représente un de ses héros favoris, il voit un Titan. Éclairé par de naturelles illuminations, son esprit conçoit déjà le type idéal de l'humanité, dont les proportions sont exagérées par l'imagination enfantine.

Guidé, je le répète, par l'instinct d'imitation, l'enfant exécute non seulement des mouvements et des actes qu'il a vu accomplir, mais encore il reproduit, avec le concours de ses camarades, des scènes dont il a entendu le récit émouvant.

Les jeux des plus jeunes écoliers ne sont même que la représentation de ce qu'ils ont vu ou de ce qu'ils ont entendu raconter.

Avec des cordes ou des bouts de ficelles, les bambins organisent la poste. Cinq ou six enfants attachés par les bras et conduits par un de leurs camarades simulent un attelage fringant ; ils bondissent, piaffent, s'ébrouent, s'élancent et rivalisent de grâce et d'agilité, tandis que leur conducteur, pénétré de l'importance de son rôle, stimule l'ardeur des uns, modère l'allure des autres, en faisant claquer dans l'air son fouet rudimentaire.

D'autres fois, les écoliers simulent des gendarmes et des voleurs. Au signal donné, les premiers se lancent à la poursuite de leurs camarades, dans une course folle, franchissant les murs, bondissant par-dessus les haies. Les voleurs décrivent des courbes fantaisistes pour mettre en défaut les poursuivants; ils se cachent même derrière les buissons ou des obstacles quelconques, jouissant ainsi, dans une immobilité absolue, d'une sécurité cependant précaire, car le moindre mouvement peut les déceler, et ils frissonnent, dans leur cachette, d'émotions très vives, comme s'ils avaient la conscience tourmentée.

Les prisonniers sont ramenés au camp sous bonne escorte. Au loin, on voit, audacieux et narquois, les voleurs agiles, imprenables, qui décochent des traits plaisants aux vaincus et adressent des encouragements ironiques aux gendarmes essoufflés.

Je me rappelle encore certains jeux de mon enfance qui n'étaient que l'imitation grossière, mais très animée, de drames émouvants, racontés à cette époque dans nos veillées béarnaises et campagnardes.

Il était d'usage de consacrer les veillées d'automne à des travaux faciles; dans les granges, halls rustiques, se réunissaient des familles qui se prêtaient, à cette saison, un mutuel concours.

Une gaîté franche, communicative, régnait bientôt parmi ces travailleurs si prompts à oublier les rudes fatigues du jour; les chants, souvent remarquables par la grâce du sentiment et le charme de la mélodie, alternaient avec les historiettes et surtout avec les contes fantastiques, que ces auditeurs à l'âme impressionnable et naïve écoutaient dans un silence religieux.

Les enfants entouraient de près les conteurs, pour ne perdre aucun détail de ces « histoires » impatiemment attendues.

Tout concourait à donner à ces récits une couleur saisissante. Une torche résineuse fixée sur un trépied de bois éclairait les divers groupes de ses lueurs vacillantes et des ombres projetées sur les murs tremblotaient avec des apparences de fantômes en mouvement.

La narratrice préférée était une bonne vieille accorte et sémillante, malgré son grand âge; ses paupières ridées ne laissaient voir de ses yeux autrefois si beaux, disait-on, que les prunelles fureteuses, qui donnaient à sa physionomie futée une légère expression de malice, adoucie par la bonté de son sourire.

Elle excellait à raconter les histoires de fées, à mettre en relief l'agilité, la vigueur et la beauté de ses héros; sa langue était pittoresque et rapide et la métaphore faisait souvent saillie sur l'idée. Aucun détail de ses récits ne passait inaperçu; à son gré, les émotions les plus diverses se succédaient intenses dans l'âme de ses auditeurs.

Le lendemain, aux heures de récréation, mes jeunes amis et moi, enthousiasmés par les prouesses des héros fictifs signalés à notre admiration, nous nous transformions en acteurs. Des scènes analogues à celles qui nous avaient tant émus étaient imaginées et reproduites; des groupes se formaient et les partis en présence, conduits par des chefs, ne tardaient pas à rivaliser d'ardeur dans l'action.

Un avantage important de la liberté accordée aux enfants, dans les jeux collectifs, c'est qu'ils y montrent leurs tendances et leurs aptitudes, en relation étroite avec la nature et l'étendue de leur imagination.

Si l'on observait de plus près les écoliers, pendant les jeux, on pourrait recueillir des indications précieuses sur leur vocation.

On peut lire dans les notices de François Arago que le jeune Fresnel était méconnu de ses maîtres et, par contre, appelé par ses camarades l'homme de génie. Fresnel avait calculé, avec une grande précision, la longueur et le diamètre intérieur de petits canons de sureau, qui devaient donner à ces engins la portée maxima, et il avait aussi déterminé la nature des bois secs ou verts, qui pouvaient le mieux servir à la fabrication des arcs. Ses camarades, mieux renseignés que ses maîtres, augurèrent de l'avenir scientifique du jeune Fresnel, dont le génie inventif se révéla dans de simples jeux d'écolier.

∴

Aussi bien les jeux ont des rapports étroits avec l'éducation esthétique. Ils contribuent du moins à donner à l'enfant la notion ou plutôt le sentiment des attributs sensibles et intelligibles de la Beauté. Ici, l'imagination enfantine est encore active : elle agrandit et féconde les émotions du joueur, elle rend plus lumineux le travail de son esprit.

Les éléments sensibles de la beauté sont la vie, la grâce et la force.

Le signe de la vie, c'est le mouvement. Rien ne donne à l'enfant le sentiment du mouvement et de la vie autant que le spectacle des jeux de plein air. Les émotions visibles des joueurs, leurs cris et leurs appels bruyants, leurs mouvements rapides et tumultueux, éveillent dans l'âme de l'enfant qui joue le sentiment d'une vie débordante, extraordinaire.

Les écoliers déploient, dans les jeux collectifs, toute leur force et toute leur agilité; les plus faibles s'y métamorphosent comme par enchantement. Tout contribue à donner aux joueurs, pendant l'action, les apparences d'une infatigable vigueur.

L'enfant y rivalise encore avec ses camarades de grâce et d'élégance dans les attitudes. Il admire d'abord la grâce de certains joueurs exercés et il ne tarde pas à copier leur désinvolture. Il s'efforce d'acquérir avant tout les qualités physiques indispensables dans les jeux athlétiques, telles que la vigueur, l'adresse et l'agilité; mais, séduit par l'aisance gracieuse des mouvements de ses chefs de file, entraîné par son amour-propre et guidé par un goût instinctif, il prend bientôt pour modèles ces camarades privilégiés.

Les éléments intelligibles de la beauté sont l'unité, la variété et la convenance.

Un jeu collectif quelconque est un tout remarquable par son unité. L'enfant y conçoit nettement le but à atteindre; il sait que tous ses efforts tendent vers une fin déterminée; les moyens seuls varient. Dans le jeu de barres, par exemple, l'un s'élance en avant, l'autre effectue un mouvement de recul; celui-ci épie un adversaire imprudent, celui-là se lance dans la mêlée ou attend le moment propice pour entrer en scène, etc., tous veulent faire des prisonniers et s'efforcent de ne pas se faire prendre.

De prime abord, les jeux collectifs semblent incohérents et confus à un observateur novice, mais bientôt celui-ci comprend tout. Il distingue vite un centre d'intérêt et l'unité du jeu lui apparaît à travers la variété des combinaisons.

L'enfant subit le charme profond de cet ordre général, de cette unité dans la diversité. Tout ce qui porte atteinte à la juste proportion et à l'harmonie des détails le frappe et le choque : il acquiert ainsi le sentiment de la convenance. Il n'admire la grâce et l'agilité de ses compagnons de jeux que lorsqu'elles sont opportunes. Tel mouvement inutile ou intempestif, qui révèle cependant d'éminentes aptitudes physiques, le laisse indifférent ou même lui déplaît, pendant l'action, comme un trait d'esprit ou des jeux de mots peuvent offusquer des personnes assemblées pour discuter de graves questions. Aussi tous les joueurs exercés que j'ai connus n'étaient fiers de leur succès que lorsque les moindres règles des jeux avaient été observées avec la plus élégante correction par tous leurs camarades.

⁂

Enfin, l'histoire nous apprend que les exercices athlétiques, les jeux collectifs surtout, ont été en honneur chez les peuples doués d'une imagination très vive.

Sans parler des Grecs, si enthousiastes pour les exercices du corps et dont l'imagination peupla le monde de divinités, les Français du moyen âge se livraient avec ardeur aux exercices de force, d'agilité et d'adresse. Sans doute, leur imagination surexcitée leur montrait Satan en lutte perpétuelle contre Dieu pour la conquête du monde, et, à certaines heures, leurs âmes se remplissaient de terreurs mystérieuses, mais ils sortaient de leur tristesse par les fêtes qui étaient alors non des hors-d'œuvre, mais « le fond même de la vie publique ». Ces fêtes servaient ainsi de diversion puissante aux sombres préoccupations du peuple ignorant et illuminé.

A cette époque où le naturel et le surnaturel étaient confondus, où l'on vivait « en plein miracle », les nobles et les manants s'adonnaient avec une ardeur infatigable aux exercices du corps. Les premiers rivalisaient de vigueur et d'adresse dans les tournois, les bagues, les joutes, la chicane ou jeu de paume à cheval, l'escrime, etc., les paysans s'exerçaient à la lutte, au pugilat, aux quilles, à la paume, et se lançaient, dans les jeux, d'audacieux défis.

Ils connaissaient presque tous nos jeux d'aujourd'hui. Ils aimaient surtout la danse; danser en s'accompagnant de chants, c'est-à-dire karoler, telle était une de leurs distractions favorites, et volontiers ils disaient : « Après la danse vient la panse ». (M. RAMBAUD, *Histoire de la civilisation*, liv. I, p. 450.)

Je n'ignore pas que l'imagination des Français du moyen âge, si ignorants et si crédules, n'avait pas pour contrepoids une saine culture de l'esprit, mais, de nos jours, nous sommes victimes d'un excès contraire. « Les hommes de notre temps sont plus savants et mieux pourvus d'idées que jamais, mais nous sommes lassés par le travail, comprimés dans la vie sédentaire, comblés d'idées composites....; notre cervelle est surchauffée, surmenée, surexcitée....; les images, chez nous, sont étouffées, mutilées par les idées. » (TAINE, *Philosophie de l'art*, p. 163.)

A peine l'enfant a-t-il l'âge de raison que ses parents se préoccupent anxieux de lui choisir une carrière où il retirera de ses études intensives le maximum d'avantages matériels; enfant, il connait déjà, par les conversations troublantes du foyer domestique, les nécessités douloureuses de l'existence, l'âpre concurrence pour la vie, les dures exigences de l'avenir.

De l'enfance, il ignore presque les distractions naturelles, les joies saines, l'insouciance providentielle. Son imagination comprimée ou pervertie ne lui montre que des luttes mesquines à soutenir, des succès dus à la défaite de rivaux évincés sans pitié ou les déceptions qui suivront ses tentatives impuissantes.

L'écolier n'imagine plus faute de loisirs. Les images disparaissent ainsi de notre esprit qui se peuple, par contre, de signes et de principes abstraits. On court après le document, on discute, on subtilise sur tout, et l'analyse froide et outrée étouffe en nous l'imagination féconde et consolatrice.

Pour rétablir en partie l'équilibre rompu entre les images et les idées, rendons à l'enfance, dans la mesure compatible avec les exigences de la vie contemporaine, ses amusements et ses jeux.

Comme les préjugés et les habitudes d'engourdissement musculaire ont pris trop profondément racine dans la partie de la population soustraite par l'âge à la discipline de l'école, c'est surtout à l'enfant et à l'adolescent qu'il faut communiquer le goût de tous les exercices corporels qui animent et qui égaient les premiers ans si rapides et si courts : « Aimez l'enfance, s'écrie Rousseau en s'adressant aux hommes, favorisez ses jeux, ses plaisirs, son aimable instinct.... Pourquoi voulez-vous ôter à ces petits innocents la jouissance d'un temps si court qui leur échappe?.... Aussitôt qu'ils peuvent sentir le plaisir d'être, faites qu'ils en jouissent; faites qu'à quelque heure que Dieu les appelle, ils ne meurent point sans avoir goûté la vie. »

CHAPITRE VI

L'abstraction et la généralisation.

« Dans la vie pratique, les idées abstraites et générales dont nous faisons le plus d'usage sont les idées de forme, de grandeur, de plus, de moins, d'égal et de nombre. » (Garnier, *Précis de psychologie*, p. 94.)

Elles ont donc une importance qui prouve l'utilité des exercices où l'enfant peut concevoir sans difficulté ces notions essentielles.

Dans les jeux collectifs, l'enfant s'intéresse vivement à la forme et à la grandeur de certains objets, à leur nombre, au nombre des joueurs et à leur répartition dans les divers camps.

Par exemple, dans les jeux de billes, de

balle ou de paume, les joueurs ne choisissent à la légère ni les billes ni les balles.

Les billes doivent être d'une rondeur parfaite. Les moindres saillies ou les moindres cavités les font dévier, au grand dépit des joueurs, de la direction qui leur a été imprimée. Il suffit de constater le soin avec lequel l'enfant le plus jeune fait le choix de ses billes pour être convaincu de l'importance qu'il attache à leur forme parfaitement ronde.

Dans les jeux de balle ou de paume, la rondeur de la balle est très appréciée; la balle ne doit présenter ni des facettes ni des renflements ni des arêtes vives. Les balles ainsi déformées, lancées avec la raquette ou bondissant après leur choc sur un mur ou sur le sol uni, prennent souvent des directions inattendues et contraires aux prévisions des joueurs les plus exercés.

Par le choix et le maniement de billes et de balles qui diffèrent d'ailleurs par leur couleur, leur grosseur, la nature de la substance dont elles sont formées, les enfants les plus jeunes acquièrent déjà la notion très nette de rondeur.

Mais il est des jeux qui nécessitent l'emploi d'objets de formes très variées. Ainsi, dans le jeu de palet — voir le chapitre consacré à la perception extérieure — quelques joueurs choisissent des pierres plates, circulaires ou oblongues, d'autres des pierres ayant, autant que possible, la forme de briquettes et faciles à fixer dans la main qui les lance. D'autres enfin préfèrent des pierres massives, assez lourdes et présentant à la surface des facettes sur lesquelles s'ajustent les doigts et qui leur donnent la forme de cubes irréguliers. Ces pierres ont l'avantage de permettre au joueur de renvoyer le caillou servant de but beaucoup plus loin que les pierres aplaties, en général légères mais facilitant la précision des coups.

Cette diversité d'objets, la différence et le contraste de leurs formes, ne tardent pas à donner à l'enfant non seulement l'idée très claire de certaines formes particulières, mais encore l'idée de plus en plus précise de forme, dans son acception la plus générale.

Les joueurs conçoivent d'autant mieux cette idée que l'intérêt les pousse à ne considérer avec attention, pour un instant il est vrai, que la forme des objets dont ils ont besoin.

La forme n'est pas la seule qualité des corps qui intéresse l'écolier dans les jeux. Des objets de forme identique ne conviennent ni à tous les joueurs ni à tous les usages.

Ainsi, parmi des billes et des balles d'une rondeur parfaite, l'enfant choisit celles dont les dimensions lui agréent le mieux.

Les doigts inexercés des enfants très jeunes s'accommodent en général de petites billes, qui glisseraient dans les doigts de leurs aînés. Ceux-ci, aux doigts souples et nerveux, préfèrent des billes plus grosses et plus lourdes.

S'agit-il de renvoyer au loin la bille d'un adversaire, les grandes billes présentent des avantages; s'agit-il, au contraire, de mettre en défaut l'habileté d'un tireur, les petites billes sont préférables.

Les écoliers ne l'ignorent pas. Il arrive parfois que des discussions assez vives s'engagent parce que, cédant aux sollicitations d'intérêts contraires, certains joueurs remplacent de petites billes par des billes plus grandes et inversement, dans le courant du jeu, et opèrent ainsi à leur profit des substitutions furtives et défendues.

Les balles de différentes dimensions présentent, suivant les cas, des avantages ou des inconvénients. Les petites balles, faciles à lancer à de grandes distances, surtout quand la matière dont elles sont formées est dure et compacte quoique très élastique, exigent de la part des joueurs, pour être saisies à la volée, une agilité et une habileté particulières, et tel qui brille au jeu de ballon dépense une ardeur inutile dans le jeu de paume, parce que les faibles dimensions de la balle augmentent déjà, dans des proportions considérables, la difficulté des coups.

La taille des joueurs est également défavorable ou avantageuse dans des exercices très connus, tels que la course, les sauts, la boxe française, le bâton, etc.

Les enfants sont ici des juges sévères et minutieux. Lorsqu'il s'agit de calculer les chances de succès, la taille des joueurs peut entrer en ligne de compte.

Dans ces conditions, les enfants ne tardent pas à concevoir les notions de grandeur et de petitesse, après avoir saisi, par l'expérience, les notions moins générales de grand et de petit. Ils conçoivent en même temps les idées abstraites de plus, de moins, d'égal, si étroitement liées, dans leurs calculs, aux idées de forme et de grandeur.

Ces mots reviennent souvent sur leurs lèvres, dans les jeux, et la précision de leur parole, dans les discussions soulevées, prouve qu'ils ont saisi toutes les nuances des idées correspondantes.

Les jeux contribuent, en outre, à donner aux écoliers la notion si abstraite de nombre. D'ordinaire, les joueurs additionnent et retranchent; le partage des points ou des objets servant d'enjeux implique la division.

La répartition des joueurs entre les divers camps est parfois l'objet de comparaisons intéressantes; ainsi, tel joueur agile et exercé peut « compter pour deux », suivant l'expression consacrée. Le camp dont il fait partie a donc un joueur de moins que le camp opposé; de la sorte, les chances sont à peu près égales.

Dans les leçons de l'école, les nombres employés avec les plus jeunes enfants sont, dans certains cas, trop élevés; voilà pourquoi des leçons d'ailleurs très méthodiques sur la numération ou sur les opérations élémentaires de l'arithmétique n'intéressent guère les commençants. Dans les jeux, cet excès n'est jamais à craindre. Non seulement les nombres y désignent toujours des unités connues de ces écoliers, mais encore ils ne dépassent jamais la portée de l'intelligence enfantine. Par contre, si les jeux contribuent à faire concevoir aux plus jeunes élèves l'idée de nombre, ils sont impuissants à donner à cette idée abstraite une extension suffisante ; ici, les leçons de l'école reprennent l'avantage.

Dans les jeux, l'enfant évalue des distances, soupèse des corps, perçoit leur dureté ou leur mollesse, apprécie la vitesse des objets lancés, s'intéresse à la rapidité ou à la lenteur d'allures de ses camarades. Ces évaluations nombreuses, ces appréciations réitérées, ces observations intéressées lui font connaître à la longue le sens précis de quelques termes généraux employés dans le langage courant, qui expriment les idées abstraites de distance, de poids, de dureté, de mollesse, de rapidité, de lenteur, etc.

*
* *

Sollicité par l'intérêt, l'enfant analyse, dans les jeux, les états mentaux de ses camarades — voir le chapitre intitulé la perception intérieure. — C'est ainsi, ai-je dit, qu'il peut distinguer ceux de ses camarades qu'il convient de choisir pour alliés ou d'accepter pour adversaires.

Peu lui importe qu'un joueur soit agile et adroit, s'il est imprudent ou étourdi, s'il commet par inadvertance d'irrémédiables maladresses, s'il est impuissant à contenir son activité turbulente au moment où le calme peut assurer le succès. Peu lui importe qu'un joueur soit doué de brillantes qualités physiques, s'il est enclin au mensonge ou à la violence, s'il s'ingénie à tromper ses camarades ou s'il n'hésite pas à se réclamer de sa force lorsque les autres arguent de leurs droits. Je dis même que c'est surtout en présence d'adversaires improbes ou d'humeur agressive que l'enfant sent poindre et grandir en lui le sentiment d'un principe d'ordre qui régit les volontés. C'est alors que les notions abstraites de devoir et de droit se précisent et s'épurent dans sa conscience exaltée par la mauvaise foi des uns et la violence des autres.

En définitive, les idées abstraites et générales de prudence, de sang-froid, de solidarité, de justice, de probité, etc., naissent et se dégagent, de plus en plus précises, dans l'esprit de l'enfant qui joue, des réflexions que lui suggèrent les faits d'ordre moral observés pendant les jeux.

*
* *

Aussi bien, la faculté d'abstraire est une des conditions essentielles de la largeur des idées. C'est parce qu'on ne distingue pas les qualités de ses semblables de leurs défauts qu'on les juge mal. Souvent nous formulons à leur endroit des jugements entachés d'erreur, parce que la légèreté d'esprit ou la passion nous poussent à ne considérer en eux que les défauts qui nous déplaisent ou les qualités qui nous séduisent.

Dans les jeux, l'enfant étudie ses camarades sous leurs divers aspects; l'intérêt l'y oblige. Cette étude — je l'ai déjà reconnu — n'est pas toujours conforme à la saine raison, mais il y a bon nombre d'hommes qui jugent leurs semblables avec beaucoup moins de justesse que les écoliers ne jugent leurs compagnons de jeux.

Ce que les joueurs estiment par-dessus tout, avec les qualités physiques, c'est la bonne foi et la gaîté; même un enfant, qui ne se distingue par sa vigueur ni par son agilité, est pour eux un camarade aimé, s'il est intelligent et vif, énergique et scrupuleux. Par contre, ce qui d'ordinaire séduit des hommes jusqu'à fausser leur jugement, jusqu'à les aveugler sur les imperfections ou les vices de leurs semblables, n'influence guère la masse des joueurs, trop intéressés à faire le départ rigoureux des qualités et des défauts essentiels de tous leurs associés. Dans les jeux, ce que les écoliers apprécient, c'est donc la valeur intrinsèque de leurs camarades et non des avantages factices extérieurs aux individus et indépendants de leur mérite personnel. Ici, les enfants font preuve d'une réelle indépendance d'esprit, et, par conséquent, d'une certaine puissance d'abstraction. Mes souvenirs d'enfance ne laissent, à cet égard, aucun doute dans ma pensée.

Les jeux peuvent même dessiller les yeux de certains maîtres trop enclins, à l'instar des maîtres du jeune Fresnel, à se prononcer à la légère sur les aptitudes de leurs élèves, d'après les seules données recueillies pendant les heures de classe.

Tel enfant est qualifié par un maître de paresseux ou de lent d'esprit, qui se distingue dans les jeux par son activité, sa vivacité ou son ingéniosité; que l'instituteur non aveuglé par des préventions excessives modifie sa manière d'agir à l'endroit de cet élève, après l'avoir observé de près, et d'ordinaire cet écolier méconnu travaillera comme il joue, c'est-à-dire de tout son cœur.

CHAPITRE VII

Le jugement.

Juger, c'est affirmer la convenance ou la disconvenance des idées. Les rapports qui existent entre les idées peuvent être plus ou moins faciles à discerner. Parfois, ils sont évidents et les jugements correspondants sont en quelque sorte intuitifs. D'ordinaire, la convenance ou la disconvenance des idées ne se manifeste pas sur-le-champ; la réflexion prolongée est alors nécessaire et l'esprit ne découvre qu'avec effort les rapports cherchés.

Dans tous les cas, pour bien juger, le sujet pensant doit avoir la conception nette et juste des idées qu'il associe et qu'il compare.

Dans le langage courant, on dit qu'un homme a du jugement, lorsqu'il distingue le vrai du faux dans les affaires de la vie pratique, lorsqu'il ne se trompe pas dans ses appréciations sur les personnes et les choses, lorsqu'il donne de sages avis, lorsqu'il fait preuve en un mot d'une grande rectitude d'esprit.

Mais il est des hommes rassis qui sont opiniâtres et entêtés, parce que leur intelligence manque d'étendue. Toujours enclins à rejeter comme fausses ou dangereuses les idées qui ne leur sont pas familières, ils n'adhèrent à une opinion nouvelle qu'après de longues hésitations et des craintes continuelles; ils s'effraient outre mesure des conceptions hardies des esprits spéculatifs qui peuvent, il est vrai, s'égarer dans l'utopie, mais ouvrir aussi à la pensée humaine des horizons nouveaux. Par suite, il ne serait point souhaitable de réprimer à l'excès l'imagination pour former le jugement

L'imagination mitigée, « canalisée », mais non étouffée par le bon sens, tel est le caractère d'un esprit bien équilibré, à la fois pratique et spéculatif.

Enfin, le jugement adhère et ne fait jamais acte de foi; or l'adhésion est non seulement un acte de la raison mais encore un acte de la volonté, une preuve de la liberté de l'esprit.

En conséquence, l'observation attentive, la réflexion et l'expérience, qui sont la source des idées claires, la culture de l'imagination qui excite l'activité intellectuelle et suggère à l'esprit de hardies combinaisons d'idées, que le bon sens accepte ou rejette, et la liberté de l'intelligence, qui donne à la pensée de l'originalité et de la puissance, tels sont les moyens généraux d'éducation du jugement.

*
* *

Or, pendant les jeux collectifs surtout, l'enfant est attentif, comme je l'ai montré dans un chapitre précédent; quoique plein d'ardeur, il sait en général ce qu'il veut, ce qu'il fait, ce qu'il doit faire. Il n'ignore pas que le joueur exclusivement agile et vigoureux n'est souvent qu'un instrument au service de ses camarades qui possèdent un réel talent d'observation, une grande justesse d'esprit et une énergie toujours maîtresse des impulsions irréfléchies.

Aussi, tout joueur observe attentivement ce qui se passe autour de lui, afin de prendre, à point nommé, des déterminations utiles.

Les propos énergiques et concis des enfants

qui jouent ne sont que l'énonciation brève et nette de leurs jugements, dans lesquels les idées qui leur sont familières sont associées; le sens des mots qui expriment ces idées est d'ordinaire modifié par des locutions diverses ou nuancé à l'infini par les inflexions de voix, les attitudes et l'expression de la physionomie des joueurs. Le silence est parfois éloquent, dans les jeux, et tel joueur qui ne parle guère a une si grande mobilité de physionomie, des gestes si rapides et si suggestifs et un tel talent de mimique, qu'il instruit ses alliés de ses projets, à la dérobée, par un geste, un signe de la tête ou de la main, une simple exclamation. Dans beaucoup de cas, le silence peut trahir de vives préoccupations : les joueurs sentent alors que le moment est décisif, que la partie longtemps disputée dépend d'un seul coup, du succès ou de l'insuccès d'une combinaison dernière. C'est alors surtout que leur intelligence appréhende tous les faits avec promptitude et les juge avec un rare discernement.

Pendant l'action, l'enfant doit se résoudre sans délai à prendre un parti, car ses adversaires peuvent tirer profit de ses hésitations.

Qu'un joueur, même agile, engagé dans la mêlée au jeu de barres, s'arrête indécis, n'osant avancer ni reculer, il risque fort de gêner ses camarades ou d'être pris par l'ennemi.

Dans le jeu de paume, lorsque la balle lancée par un joueur se dirige vers un adversaire aux aguets, celui-ci doit se rendre compte sur-le-champ de la force de propulsion et de la direction de la balle et se résoudre à l'instant, à l'aide de ces données, à saisir la balle à la volée ou après le premier bond, ou à lui laisser continuer sa course.

Il est des jeux, le jeu de billes entre autres, où le joueur peut deviner les intentions de ses camarades par l'examen rapide de leurs positions et rechercher à l'avance les combinaisons qui lui sont favorables; il n'est pas tenu, lorsque son tour est venu, de précipiter ses coups. Néanmoins, ses partenaires eux-mêmes donnent des signes d'impatience s'il est trop lent à se décider. Ce jeu, en apparence très simple, oblige l'enfant à réfléchir et à juger. Suivant les effets que le joueur veut produire, il doit toucher la bille servant de but en plein, en haut, à droite ou à gauche, et, lorsque le nombre des joueurs est égal ou supérieur à quatre, il importe encore de discerner en temps opportun les combinaisons favorables aux alliés, sans être avantageuses pour les adversaires, c'est-à-dire de connaître et d'appliquer les règles élémentaires de la prudence.

D'ordinaire, l'irrésolution des enfants ne résulte pas, dans les jeux, de l'absence d'idées; elle provient, en grande partie, de ce que plusieurs idées sollicitent à la fois et en sens inverse l'intelligence des joueurs. Tiraillé en tous sens, l'enfant irrésolu ne sait pas prendre une décision prompte et ferme; sa volonté devient oscillante et l'on ne peut pas faire fond sur lui.

Lorsqu'un joueur commet une erreur dans les jeux, il s'en aperçoit en général sur-le-champ. D'ailleurs ses camarades n'hésitent jamais à la relever; parfois, il peut la réparer à temps. Cette aperception et cette réparation immédiates d'une faute commise redressent et forment son jugement. Enfin, une erreur s'explique, tandis que l'irrésolution n'a pas d'excuse surtout pendant l'action. Les fautes d'un joueur peuvent mécontenter ses partenaires; son indécision exaspère ses alliés et même ses adversaires, tant ils sont tous impatients d'agir. A tout prendre, le joueur aimera mieux une autre fois se tromper que d'être irrésolu.

On pourrait croire que la promptitude avec laquelle l'enfant est ici contraint de se résoudre à l'action l'habitue à l'observation superficielle et accentue sa légèreté d'esprit. Il n'en est rien ; stimulé par l'intérêt et par des émotions très vives, l'enfant qui joue met au service de sa cause toute son intelligence et tout son cœur. S'il prend des résolutions subites et logiques, c'est parce que ses forces intellectuelles, au lieu d'être dispersées ou en partie inactives, sont ramassées et atteignent, sous l'influence des excitations les plus intenses, leur plus grande énergie.

La promptitude du jugement n'est pas la précipitation folle, et tel qui juge vite peut 'uger juste. Ce pouvoir de l'esprit ne dépend, n général, que de l'intérêt immédiat et puissant les circonstances : l'esprit peut être alors et if et juste.

D'ailleurs, les déterminations soudaines du oueur ont été d'ordinaire précédées de ré-exions faites à loisir par lui, avant ou après 'autres jeux ; la relation plus ou moins étroite ui existe entre les décisions prises dans ces moments de calme et celles que suggèrent, pendant l'action, des incidents et des combinaisons inopinés facilite au joueur la découverte rapide de la vérité.

En outre, l'imagination illumine et féconde le jugement, dans les jeux. Dans l'esprit des joueurs, des associations d'idées surgissent comme par enchantement, accompagnées de la représentation mentale de mouvements individuels ou d'évolutions collectives, qui permet au jugement de s'exercer avec une étonnante précision. C'est alors que l'enfant discerne les combinaisons les plus avantageuses, éclairé qu'il est par l'imagination, sollicité par l'intérêt et instruit déjà par l'expérience.

L'esprit est ici d'autant plus éveillé, d'autant plus actif que l'enfant jouit d'une grande liberté; il sait qu'il doit être, dans les jeux, son propre inspirateur et son guide. L'influence de ses camarades sur lui est limitée. En général, ses amis se bornent à l'empêcher de commettre des imprudences et à lui faire observer surtout, dans certains mouvements collectifs, l'unité d'action qui souvent assure le succès.

Parfois, entraîné par le sentiment très vif de la solidarité, un joueur peut donner à l'un de ses alliés des conseils sous une forme pressante et impérative, mais celui-ci n'est pas strictement tenu de les suivre. Pendant l'action, on entend des questions de ce genre : « Que fais-tu? Pourquoi le fais-tu » les conseils peuvent être catégoriques et formels : « Tu te trompes, ne fais pas cela, fais ce que je te dis... »

Le joueur interpellé approuve d'un geste énergique les avis de son camarade ou manifeste son improbation par un mouvement de tête, un haussement d'épaules ou par un silence plus expressif encore. Qu'il approuve ou qu'il désapprouve les conseils ou les injonctions de son ami, ce joueur n'en est pas moins libre dans ses décisions, car il ne se prononce qu'après réflexion sur ce qu'il doit faire.

Je tiens même pour vrai que des joueurs inexercés évoluent trop souvent à leur guise, dédaigneux des conseils prudents de leurs chefs de file, et que leur indépendance d'esprit tend à s'exagérer. Cet excès de liberté ne tarde pas à déplaire à leurs camarades expérimentés dont les intérêts sont ainsi menacés; aussi, les discussions les plus vives ont souvent pour cause, entre partenaires, l'indépendance outrée des joueurs inhabiles.

Dans tous les cas, ce n'est presque jamais à l'aveugle que les joueurs même novices suivent les conseils de leurs camarades : ils veulent connaître, du moins après l'action, les raisons de leurs avis, pour s'éclairer et pour ne pas être pris de court lorsque ces conseillers leur feront défaut.

∴

En résumé, l'enfant déploie, dans les jeux, toute sa vivacité d'esprit, toute son activité mentale, pressé par l'intérêt immédiat, séduit par les joies de l'action, entraîné par l'impétuosité de sa nature et par l'animation contagieuse de ses camarades, tous disposés, comme lui, à lutter pour la défense de leurs intérêts respectifs; or « ce qui contribue à l'originalité et à l'énergie du développement intellectuel, c'est l'activité universelle, c'est la passion développée par le combat ». (E. Renan, *L'avenir de la science*, p. 422.)

CHAPITRE VIII

Le raisonnement.

Lorsque l'intelligence est impuissante à découvrir directement les rapports qui existent entre deux idées, par exemple, elle s'achemine à la connaissance de la vérité par des intermédiaires : elle compare ces idées à d'autres idées déjà conçues par elle, et forme ainsi des jugements qu'elle associe et qu'elle compare, de telle sorte que le dernier jugement apparaisse comme la conséquence légitime des premiers.

Comme on le voit, l'esprit ne lie pas seulement des idées pour former des jugements, il rapproche encore des jugements, les compare et affirme leurs rapports : il raisonne.

Le raisonnement est donc une opération mentale plus compliquée que le jugement, mais, pour raisonner juste, il faut d'abord bien juger. Aussi, les moyens généraux de culture du raisonnement et du jugement sont à peu près les mêmes, ce qui prouve déjà que les jeux et surtout les jeux collectifs développent la faculté discursive.

Pour former le raisonnement, chez les plus jeunes écoliers, il importe de leur faire examiner des phénomènes d'ordre matériel et sensible : « Dans ce domaine du monde physique où tout est clair, infaillible, palpable aux sens, l'enfant prend une précision de langage, une fermeté de raisonnement, que ne peut lui faire acquérir l'expression des idées morales. » (Mme Necker de Saussure, liv. V, chap. VIII.)

Or, pendant les jeux, l'enfant ne raisonne jamais à vide; il observe de trop près ce qui se passe autour de lui pour qu'il soit pris souvent au dépourvu lorsqu'il s'agit de connaître et de défendre ses intérêts. Sans doute, les raisonnements des joueurs n'ont jamais pour objet la démonstration ou la découverte de vérités profondes et d'un ordre très élevé, mais si l'enfant est obligé de raisonner, dans les jeux, et surtout de raisonner juste, l'importance de ces exercices ne saurait être contestée.

*
* *

Le joueur induit et déduit; l'induction est la forme de raisonnement qu'il préfère.

Cependant il déduit : ainsi, lorsqu'il s'ingénie à démontrer, dans le courant d'une partie, qu'une règle du jeu ou qu'une convention ont été observées ou violées, il emploie la forme déductive.

Il n'est pas facile de juger tous les coups. Il peut arriver que tel mouvement et telle combinaison normaux présentent des modifications suspectes mais dont l'irrégularité n'est pas évidente; c'est alors surtout que la discussion s'engage entre les athlètes avec une vivacité qui dépend encore de l'importance des mouvements exécutés.

Si l'un des joueurs avait seul la parole, la question serait tranchée sans retard, mais les adversaires ripostent et la mêlée des arguments ne tarde pas à devenir générale. La parole brève et saccadée des uns contraste avec la verbosité de leurs interlocuteurs; ici, des joueurs s'interpellent avec animation, accentuant la finesse de leur esprit par l'influence persuasive de la physionomie et du geste; là, d'autres, plus bruyants, rivalisent de puissance dans la voix et d'incohérence dans leurs discours; enfin, dans des apartés, les plus paisibles, mimant des conversations profondes, déploient toutes les ressources de leur dialectique pour se convaincre mutuellement. Tous emploient, en plaidant leur cause, un certain nombre d'expressions, telles que donc, car, parce que, etc.; or « toutes les fois que nous trouvons dans le discours ces particules parce que, car, puisque, donc, et les autres qu'on nomme causales, c'est la marque indubitable du raisonnement ». (Bossuet, *La connaissance de Dieu et de soi-même*, chap. I-XIII.)

Parfois, la discussion n'aboutit point : alors, ou la partie cesse, ou des joueurs entraînés par les charmes du jeu forment une majorité qui propose des transactions.

Plus d'une fois, j'ai été choisi comme juge. Dans des circonstances encore gravées dans mon souvenir, j'ai dû intervenir en qualité de maître, émerveillé par l'élocution abondante et rapide et le flux d'arguments de la plupart des joueurs, dans ces moments d'animation générale. Les plus verbeux et les plus difficiles à convaincre sont, à mon avis, les enfants de huit à dix ans.

Certaines recommandations données avant l'action aux joueurs inexercés par leurs camarades plus habiles ont pour objet de mettre en garde ces joueurs novices contre des fautes graves ou de leur épargner des efforts inutiles. Ces conseils, qui sont le point de départ de déductions plus ou moins rigoureuses, se formulent en général ainsi : « Dans telles ou telles circonstances, au lieu d'agir de telle façon, il est préférable d'agir de telle autre. »

Un de mes amis, remarquable par son adresse et son agilité dans le jeu de longue paume, me dit un jour : « Tu as tort, toi qui n'es pas encore assez adroit, de vouloir saisir la balle à la volée; on peut ainsi la renvoyer très loin quand on est exercé, mais, par contre, la balle arrivant sur le joueur avec une grande vitesse, il lui est difficile de la toucher à temps et plus difficile encore de la renvoyer dans la direction voulue. Les joueurs inhabiles doivent la prendre entre bond et volée : ils ont beaucoup plus de chances de la renvoyer ainsi dans la direction la plus avantageuse. » La recommandation ne fut pas perdue.

Dans le jeu de billes, un principe général qui sert de règle dans tous les cas particuliers est celui-ci : « S'agit-il uniquement de toucher une bille située à une certaine distance, il convient de faire rouler la sienne sur le sol uni ; veut-on, au contraire, éloigner du jeu la bille d'un adversaire, on doit alors faire décrire à la bille lancée une trajectoire telle qu'avant de toucher le sol elle frappe avec force la bille visée. »

Il me serait facile de citer d'autres exemples ; j'ai cru ne devoir considérer ici, pour être bref et clair, que deux jeux très connus, dont l'un, le jeu de paume, devrait être la distraction préférée des adolescents, tandis que l'autre convient aux plus jeunes écoliers.

Sans doute, ces principes généraux n'ont été formulés qu'après des expériences réitérées qui ont donné lieu à des inductions correspondantes, mais ces principes sont depuis longtemps le point de départ des déductions des joueurs qui les appliquent à leur guise dans les cas particuliers.

*
* *

L'enfant déploie surtout, dans les jeux, les ressources de son esprit inventif.

La déduction est une forme de raisonnement trop « canalisatrice » de la pensée. Elle donne à l'esprit de la rectitude, mais elle oppose à ses curiosités la froide évidence d'une logique étroite et serrée; elle réprime les écarts fantaisistes de l'intelligence, mais elle ne favorise ni son originalité ni sa puissance créatrice.

Les vérités générales qui sont le point de départ de toute déduction sont en quelque sorte imposées à l'esprit. L'enfant ne les a ni découvertes ni formulées dans les jeux, or il manifeste dans tous ses actes un tel besoin d'indépendance, un si vif désir de mettre en évidence sa personnalité qu'il lui faut à tout prix expérimenter et trouver. Le succès l'encourage et l'excite; les déceptions, pourvu qu'elles ne soient ni trop fréquentes ni trop douloureuses, le stimulent à l'action.

L'induction plait donc à l'enfant. Pour peu que le jeune écolier se sente en liberté, il devient chercheur. S'il se trompe, l'erreur sera pour lui un avertissement et une indication, car sa mémoire est d'ordinaire prompte et fidèle et il saura désormais ce qu'il doit faire et ne pas faire, dans des circonstances analogues.

L'enfant, ai-je dit, observe de près, dans les

jeux, des faits, des actes, y expérimente, y donne à son imagination une liberté en général limitée par des considérations d'intérêt, de solidarité et de justice : tout l'y convie donc à induire hardiment mais avec justesse.

A l'appui de ma thèse, je ne citerai que des exemples très simples d'inductions familières même aux plus jeunes enfants.

Dans les courses de vélocité, les écoliers comprennent bien vite qu'il est imprudent de mettre en action toutes leurs forces au moment du départ, que ce déploiement subit de toute leur agilité ne tarde pas à les essouffler et que le coureur qui occupe le premier rang au départ, grâce à des efforts excessifs, faiblit à bref délai, dépassé bientôt par des adversaires qui ont su se ménager.

Dans les sauts et surtout dans les sauts en longueur et en profondeur, il n'est pas nécessaire d'avoir une grande expérience pour s'apercevoir qu'il ne faut jamais tomber sur les talons, les jambes raides et le corps rigide, à cause des secousses violentes imprimées à l'organisme.

La forme générale du raisonnement inductif est la suivante, dans tous les jeux : « Dans telle ou telle circonstance, un procédé a été favorable ou désavantageux, il est donc utile de l'adopter ou de le rejeter dans toutes les circonstances analogues. »

Très souvent, le joueur conclut du particulier au particulier; c'est alors surtout qu'il peut être indécis et embarrassé. Il se dit en lui-même : « Si je fais ceci, telle chose se produira; si je fais cela, telle autre chose se produira; donc il vaut mieux faire ceci que de faire cela, etc... » Il ne se résout à l'action qu'après avoir opté entre deux ou plusieurs partis, c'est-à-dire après avoir réfléchi et raisonné.

Il est évident que les difficultés des jeux collectifs s'accentuent et obligent l'enfant à faire plus d'efforts pour découvrir les combinaisons les plus avantageuses, lorsque le nombre des joueurs augmente. Des cas imprévus se présentent alors, même dans les jeux les plus élémentaires, où la découverte de ces combinaisons exige une réelle pénétration d'esprit. Je laisse le soin à ceux qui voudraient contrôler sérieusement toutes mes affirmations d'analyser les mouvements de leur pensée dans le jeu du croquet, si simple et si répandu, et, à plus forte raison, dans les jeux de balle et surtout dans le jeu de longue paume.

Enfin, les règles des jeux peuvent être modifiées si les joueurs y consentent. Ces modifications ne sont faites jamais à la légère; c'est toujours l'expérience qui sert de fondement aux raisonnements des joueurs et l'induction qui leur fait découvrir ces transformations. Tel jeu n'a pour des enfants qu'un intérêt secondaire, ils le modifient en y introduisant des règles conventionnelles et provisoires. Avec ces changements, ce jeu mieux approprié à leurs dispositions du moment les intéresse et les égaye.

∴

En résumé, les jeux sont une excellente école de l'intelligence enfantine.

Les idées conçues par l'enfant dans les leçons de l'école sont plus nombreuses et plus variées que celles qu'il acquiert dans les jeux; par contre, celles-ci sont en général plus compréhensibles et plus pratiques.

L'étude peut ne pas intéresser certains élèves, tandis que les jeux collectifs passionnent d'ordinaire les enfants même les plus paresseux et mettent vivement en action la plupart de leurs facultés mentales.

L'étude développe surtout la mémoire des plus jeunes écoliers; les jeux n'exercent sur cette faculté qu'une influence très limitée, mais ils obligent les enfants de tout âge à observer et à réfléchir. Si les jeux n'élèvent pas l'intelligence jusqu'à la conception des vérités les plus abstraites et les plus nobles, ils n'en redressent pas moins le jugement et le raisonnement, car l'enfant n'y pense jamais à vide et son esprit n'y élabore que des idées toujours accessibles à sa puissance de compréhension. Même, les principes essentiels de la moralité humaine se dégagent peu à peu des obscurités de la conscience enfantine, dans les jeux collectifs; par l'expérience et la réflexion, la notion d'une loi souveraine qui s'impose à la volonté libre apparaît de jour en jour plus précise et plus pure à l'esprit de l'enfant qui joue.

En somme, l'étude agrandit par excellence le domaine de la pensée que les jeux circonscrivent dans des limites beaucoup plus étroites; plus que les jeux, l'étude assouplit, affine, étend l'intelligence et ennoblit l'être moral, mais les jeux collectifs de plein air donnent à l'esprit de l'enfant une incomparable vivacité et aux facultés d'acquisition et d'élaboration une indéniable justesse.

Dans ces conditions, ils peuvent et ils doivent être, dans nos écoles, les auxiliaires de l'étude.

TITRE II

L'EXERCICE PHYSIQUE ET L'ÉDUCATION MORALE

CHAPITRE I

L'amour-propre et l'émulation.

L'émulation est un sentiment qui nous excite à égaler et même à surpasser autrui. Elle est tout le contraire de l'envie. L'envieux souffre de la supériorité des autres, l'émule rend hommage aux qualités de son semblable et s'efforce de les acquérir; il ne croit pas devoir mieux employer son activité qu'à imiter son modèle.

Plus que l'homme, l'enfant a besoin d'émulation. Ce sentiment se manifeste d'ailleurs en lui dans des conditions tout à fait naturelles.

Ignorant l'étendue de ses forces et la difficulté des choses, il se compare d'instinct à ceux qui l'entourent, sans le moindre souci de sa faiblesse et de la supériorité d'autrui; entraîné encore par son instinct d'imitation, il s'efforce d'exécuter les actes accomplis surtout par ses camarades.

Le succès l'encourage et devient un aiguillon qui le pousse à l'action, à l'accomplissement d'actes nécessitant des efforts toujours plus pénibles. Tout son être est alors ébranlé par des émotions stimulantes, inséparables de l'agrandissement de sa personnalité. Ses forces, dont il ignorait l'étendue, se révèlent à lui par le succès; plein de confiance et mû par le désir de se montrer supérieur à ce qu'il est, il ne songe plus qu'à triompher de difficultés nouvelles.

L'insuccès lui cause sur l'heure de pénibles déceptions; il constate avec étonnement son impuissance à imiter ses jeunes amis, et bientôt son dépit commence à poindre, manifestation inévitable de son amour-propre blessé, mais il souffre plus de sa faiblesse que de son infériorité.

Après ces émotions soudaines, l'enfant se

ressaisit. Impressionné par son échec, il veut tenter des efforts nouveaux; toutefois, l'insuccès l'a rendu prudent. Il se compare derechef à ses camarades mais avec discernement; s'il est persuadé que ses forces sont au moins égales aux leurs, son amour-propre redouble son énergie, et rarement ses tentatives réitérées sont vaines. Si l'enfant, au contraire, est convaincu de la supériorité de ses rivaux, il ne se rebute point, mais il préfère attendre que ses forces développées par l'âge et l'exercice lui permettent de réaliser sans trop de fatigue et sans danger ce qu'il a déjà tenté d'accomplir.

Sans doute, les enfants ne montrent pas une telle prudence dans tous leurs actes, mais l'insuffisance de leurs aptitudes se manifeste d'une manière trop catégorique, dans les exercices corporels, pour que leur amour-propre les aveugle jusqu'à les rendre téméraires.

Un de mes amis d'enfance était d'une remarquable agilité. Très ingénieux, il intéressait ses camarades par le nombre et la bizarrerie des exercices qu'il exécutait devant eux. Un jour, nous le vîmes, à notre grand étonnement, décrire avec son corps et sans prendre appui sur le sol un mouvement giratoire très rapide d'avant en arrière et retomber impassible sur ses pieds, les bras croisés sur la poitrine, droit comme un piquet. En moins de temps qu'il n'en faut pour le dire, il fit une série de cabrioles aériennes, tournoyant dans l'espace comme un volant de machine; il prétendait que c'était un procédé peu vulgaire de faire des révérences. Émerveillés, nous imitâmes à l'instant cette extraordinaire façon de saluer, mais l'expérience nous apprit qu'il était au moins imprudent de copier si vite notre ami. A l'exception des plus timorés, qui ne réussirent qu'à s'étendre sur le dos, nous butâmes de la tête contre le sol heureusement herbu; ceux qui effectuèrent en partie le mouvement de rotation retombèrent sur le nez et se relevèrent piteux, le visage tuméfié et barbouillé par endroits de terre et de gazon.

L'insuccès nous émut sans nous décourager. Les jours suivants, nous nous exerçâmes à reproduire ce saut périlleux, à l'abri de tout regard indiscret, tantôt sur le foin coupé, tantôt sur la paille provenant du dépiquage du blé. Avec une persévérance que rien ne lassait, nous multipliâmes nos tentatives; enfin, après des essais dont la durée fut variable pour chacun de nous, nous réussîmes à tourner en l'air plus ou moins lourdement. Avec quels airs triomphants de vanité satisfaite nous nous donnâmes successivement en spectacle à nos camarades ébaubis! Et combien le succès des plus agiles éperonna l'énergie de nos amis en retard, dont quelques-uns cessèrent, sans le moindre dépit, des exercices au-dessus de leurs forces! Au lieu de les railler, nous leur donnions des conseils, mettant à leur service les ressources de notre expérience personnelle, heureux de contribuer à leur succès qui devenait en partie nôtre, tandis que notre ami se complaisait à nous voir rivaliser avec lui d'agilité, son rôle de protagoniste grandissant avec le nombre de ses imitateurs devenus peu à peu ses émules.

*
* *

Ce qui soutient l'émulation dans les exercices athlétiques, c'est l'évidence des résultats de l'effort énergique et persévérant. La constatation des progrès réalisés y est d'autant plus frappante que l'enfant peut s'y comparer à ses amis et à lui-même. Les progrès de ses camarades et ses succès personnels stimulent toutes ses forces vives et lui inspirent cette confiance à la fois enthousiaste et raisonnée qui met au grand jour, dans son entier épanouissement, toute sa puissance d'agir.

Il ne faudrait pas croire cependant que l'émulation engendre le progrès indéfini; les forces humaines ont des limites qui diffèrent d'un individu à l'autre. Ainsi chacun de nous peut atteindre un maximum de vigueur et d'agilité. Un athlète régulièrement entraîné soulève des poids de plus en plus lourds, mais au delà d'un certain poids ses muscles faiblissent. Ses efforts les plus violents sont désormais inutiles : ce poids est la mesure de sa plus grande vigueur. Un autre athlète plus robuste soulèvera des poids encore plus lourds, mais la limite de sa puissance musculaire n'en sera pas moins déterminée par un poids défini; l'effort exigé par le soulèvement de ce poids marquera la limite extrême du travail musculaire dont il est capable.

L'exercice n'ajoutera point des forces nouvelles à celles de ces athlètes; il n'aura pour effet que de conserver leur maximum d'énergie physique jusqu'au jour où les maladies ou l'âge entraîneront leur affaiblissement soudain ou graduel.

Indépendamment de cette limite extrême des forces humaines, il existe encore des limites de nos aptitudes physiques aux diverses époques de la vie. L'âge et l'exercice continu étendent peu à peu les forces de l'enfant et de l'adulte au delà de ces limites successives jusqu'au jour où tout progrès cesse de devenir possible, mais, à un âge déterminé, l'enfant et l'adulte ne sont capables que d'un travail musculaire limité, variable suivant les individus.

Aussi, combien de fois des hommes qui veulent donner à des interlocuteurs une idée de leur maximum de vigueur ou d'agilité à tel moment de leur vie ne s'expriment-ils pas ainsi : « A tel âge, j'étais parvenu à soulever tel poids, à courir avec telle vitesse, à faire un saut de tant de mètres », etc.

Les écoliers ne tardent pas à s'apercevoir que leurs forces ont toujours des limites qu'il serait inutile et même dangereux de chercher à dépasser par des efforts violents et non gradués. Ils ont de bonne heure le sentiment de ce qui les différencie sous le rapport des aptitudes physiques, et ils savent le point précis où leurs efforts doivent s'arrêter.

Ce n'est pas sans une pointe de dépit que les enfants constatent cette inégalité, mais leurs impressions perdent bien vite de leur vivacité première, et les plus faibles reconnaissent bientôt sans aigreur leur infériorité musculaire, subissant d'ailleurs l'influence de la nécessité, vrai mur d'airain limitant ici leurs ambitions.

En outre, il est rare qu'un enfant se distingue de ses camarades par la supériorité de toutes ses aptitudes. Sa vigueur est-elle sans rivale, son agilité peut être inférieure. Dans les jeux de force, il est le maître; dans les jeux qui réclament une grande impétuosité de mouvements, il peut être un traînard. Parfois même, inhabile à faire usage de ses qualités physiques, il subit une défaite là où sa force aurait dû lui assurer le succès. Il faut tenir compte, en effet, des aptitudes morales des enfants qui jouent pour établir entre eux une juste comparaison : l'intelligence, l'énergie et le sang-froid triomphent souvent, dans les jeux, de la supériorité exclusivement musculaire.

Ces compensations maintiennent une sorte

d'égalité entre les joueurs et donnent du courage aux vaincus, car l'espoir d'une revanche dans des jeux où ceux-ci excellent les empêchent de céder à la dépression morale qui suit un insuccès ; elles s'opposent enfin à ce que l'émulation dégénère en orgueil chez les uns, en envie chez les autres.

Aussi, les joueurs se distribuent dans les divers camps en tenant compte de toutes leurs aptitudes. En général, les enfants de même force jouent ensemble, mais si des joueurs très faibles ou très habiles prennent part au jeu, la répartition se fait de telle sorte que les chances de succès soient à peu près égales de part et d'autre. L'émulation qui anime les écoliers est ainsi généreuse et saine.

D'ordinaire, les joueurs exercés aiment à lutter contre des rivaux dignes d'eux ; cependant, j'ai participé à des jeux athlétiques très animés où des enfants adroits, agiles et vigoureux avaient des adversaires faibles et inexpérimentés. Dans ces conditions, les premiers accordaient certains avantages à leurs concurrents, et le succès était ainsi vivement disputé. Dans les courses de vélocité, par exemple, le coureur le plus agile donnait à son rival une avance déterminée d'un commun accord, et tous les deux s'élançaient vers le but avec la même ardeur. Dans les sauts, surtout dans les sauts en longueur, le plus leste agissait de la même façon à l'endroit de son adversaire. Dans des jeux collectifs, les plus habiles donnaient à leurs concurrents un certain nombre de points, au commencement de la partie, s'il n'était pas possible d'égaliser, par d'autres moyens, les chances de succès.

La lutte, l'un des exercices favoris des jeunes Béarnais, se prête également à une foule de combinaisons qui rendent possibles les combats entre les faibles et les forts.

Tantôt le plus vigoureux ne doit se servir que du bras gauche ou du bras droit; tantôt il lutte les deux genoux à terre, utilisant les deux bras ou l'un des bras seulement; tantôt encore il est seul contre deux adversaires. Le combat se prolonge souvent sans résultat lorsque le lutteur vigoureux est assez habile pour neutraliser les efforts des deux alliés, dont les contorsions inutiles font rire aux éclats les spectateurs, mis encore en gaîté par l'étonnement des deux associés maladroits.

Ces divers mouvements développent par

excellence la souplesse et la vigueur du corps, et, plus que tous les autres exercices physiques, la lutte réglée met énergiquement en action, chez les adolescents, tout le système musculaire.

On tient en général pour accordé que l'émulation présente de tels dangers, dans la lutte, que ce genre d'athlétisme doit être interdit aux enfants. A mon avis, des faits isolés et regrettables, des scènes parfois trop vives mais peu fréquentes, quoi qu'on en dise, ne sauraient justifier une pareille interdiction. Notre race imaginative et impressionnable a un grave défaut : elle est trop disposée à transformer des observations particulières en vérités générales, à inférer que telle pratique est condamnable parce qu'elle a donné ici ou là quelques résultats défectueux. Nous ressemblons tous plus ou moins à ce bonhomme dont parle Montaigne, « à qui tout l'hémisphère semble estre en tempeste et en orage, quand il gresle sur sa teste. »

J'ai été le témoin de nombreuses parties de lutte entre des écoliers de divers âges, et j'ai rarement constaté que les vaincus aient donné à leur dépit de violents dérivatifs; tous ont à la longue avoué sans aigreur leur infériorité. Les enfants réunis sont d'ailleurs animés par le sentiment très vif de la justice, et la présence de ces témoins respectueux du droit impose aux lutteurs eux-mêmes le calme et la loyauté dans les sentiments et dans les actes. Deux frères se disputent au sein de leur famille pour des motifs frivoles, qui deviennent des adversaires conciliants dans les jeux collectifs.

Chez les Grecs, « aucun exercice gymnastique n'exigeait une instruction plus classique que la lutte. Ici, la force brutale ne suffisait point; il fallait avoir un coup d'œil sûr; il fallait savoir mettre à profit toutes les faiblesses de l'adversaire, savoir porter certains coups appris à l'école et surprendre son rival par des attitudes et des mouvements trompeurs; il s'agissait, en outre, d'y mettre une grâce toute particulière. » (*La vie antique*, traduit sur la 4e édition de E. Gulh et W. Koner, par E. Trawinski, revue par O. Riemann, 1re partie, p. 313.)

*
* *

En résumé, dans les jeux collectifs, l'émulation n'amène que de l'ardeur; la rivalité se perd dans le nombre des concurrents, comme l'a dit M. Guizot, et cependant l'émulation gagne à ce nombre qui laisse plus de latitude à l'espérance. Le vaincu de l'un peut être le vainqueur de l'autre; en outre, vaincu dans un jeu, tout joueur espère de prendre sa revanche dans un autre exercice. On ne songe d'ailleurs qu'à surpasser et non à humilier ou à terrasser des adversaires.

Le mouvement qui entraîne les enfants dans les jeux de plein air, leur gaîté, leur bonne humeur communicative, l'esprit de corps qui les anime et les alternatives de succès et d'échecs accentuent, sans les dérégler, leurs tendances généreuses. Si des vainqueurs manifestent des sentiments d'orgueil et traitent leurs rivaux avec dédain, leurs camarades indignés font justice de leur présomption, et ces joueurs sont bientôt obligés de se conformer à la bienveillance universelle et de respecter les traditions d'égalité dont les enfants réunis ont le sentiment si profond et si vif.

En définitive, chez les enfants dont le cœur s'est conservé pur, l'émulation est un sentiment plein de charme, qui non seulement s'allie à l'amitié, mais la rend plus vive; les combats innocents qu'ils se livrent n'ont pour résultat que des défaites sans humiliation et des victoires sans orgueil. » (Barrau.)

CHAPITRE II

Le sentiment de l'honneur.

On distingue deux sortes d'honneur : celui qui consiste à faire son devoir « coûte que coûte » ou l'honneur de l'honnête homme, et celui qui met l'opinion publique au-dessus de la conscience.

Le véritable honneur est donc inséparable de l'attachement au devoir; l'homme d'honneur prend alors, d'après Boileau, la vérité pour guide et regarde en tout la raison et la loi.

Eh bien, le devoir ne consiste-t-il pas, pour l'homme, à se développer sous tous les aspects? Croit-on qu'il suffise, pour être dans l'ordre, de grandir en sagesse et en intelligence et de laisser le corps s'affaiblir dans une inaction déprimante? N'est-il pas conforme à la saine raison de cultiver par-dessus tout les hautes facultés morales, en donnant toutefois à l'éducation physique une importance très sérieuse?

On peut hiérarchiser les biens et déclarer, par exemple, que la vigueur, l'agilité, la grâce et la beauté physiques sont des biens inférieurs à l'intelligence, à l'énergie morale, à l'amour profond de la justice et de la vérité, mais on ne saurait nier que les qualités du corps sont encore des biens et on ne saurait les dédaigner sans méconnaître un devoir strict.

Aristote le comprenait bien lorsqu'il engageait les moralistes à ne pas rendre la vertu austère et rébarbative, et lorsqu'il affirmait qu'à vertu égale une santé robuste est un avantage précieux. « Le plus beau des spectacles, a dit Platon, pour quiconque pourrait le contempler, ne serait-il pas celui de la beauté de l'âme et de celle du corps unies entre elles et dans leur parfaite harmonie? »

Par suite, l'homme d'honneur doit consacrer le meilleur de ses forces au développement des facultés qui constituent à proprement parler la personne humaine, mais il ne doit rien négliger pour devenir adroit, agile et vigoureux.

D'ailleurs l'éducation de l'esprit est intimement liée à celle du corps.

L'âme — a-t-on dit — est un agent qui se sert du corps comme l'ouvrier se sert d'un outil, et comme notre âme est essentiellement agissante, la vie mentale ne devient puissante et complète que lorsque les facultés morales peuvent se manifester, sous leurs divers aspects, par des mouvements plus ou moins énergiques, c'est-à-dire par des actes. « Je dirai qu'un homme a reçu une éducation libérale, quand il aura été élevé de telle sorte que son corps sera pour lui un serviteur toujours prêt à accomplir sa volonté et à exécuter facilement et avec plaisir le travail dont le corps sera capable comme instrument. » (HUXLEY, *Les sciences naturelles et les problèmes qu'elles font surgir.*)

Enfin le corps est uni à l'âme par des liens si étroits que tout ce qui impressionne et modifie l'une de ces parties de l'être humain réagit sur l'autre. Si une âme énergique « est maîtresse du corps qu'elle anime », l'excellence de l'organisation physique accroît à son tour l'énergie des facultés morales.

La part du physique se fait sentir avec une curieuse intensité dans la plupart des œuvres d'Alexandre Dumas père, un athlète robuste et sain, un écrivain exubérant de verve, de puissance et de fougue.

Aussi bien, le travail intellectuel débilite les forces physiques, s'il est intense et prolongé ; il peut même devenir funeste à ceux dont le système musculaire est faible par nature ou déprimé par l'inaction. Le système nerveux prend alors le rôle prépondérant dans la vie organique : « Chez les sujets les plus distingués, le système nerveux n'en a pas moins acquis une prépondérance funeste non pas seulement à la vie physique mais à la santé de l'esprit. » (V. de Laprade, *L'éducation homicide.*)

La vie purement spéculative, si noble soit-elle, peut, dans certains cas, désagréger les facultés et détruire, par la compression des unes et le dérèglement des autres, leur solidarité et leur harmonie.

De nos jours, où notre race affaiblie par le travail cérébral a perdu le goût des exercices du corps, la folie plane menaçante sur des écrivains qui finissent par « ne plus que rêver avec les nerfs. »

L'un des publicistes les plus prestigieux de notre temps, M. J. Lemaître, n'hésite pas à signaler le mal dans un article inséré dans l'*Écho de la semaine* du 17 janvier 1892. Il affirme que, pour certains littérateurs, « la floraison de la démence n'est plus qu'une affaire de temps » et que, s'il n'y a pas autant de peintres fous que d'écrivains déments, c'est parce qu'il y a « dans la peinture une part de travail manuel où se repose la pensée ». Il ajoute que « l'action des hommes politiques, même inféconde et brouillonne, est bonne pour le cerveau. »

Si les sociétés de sauvages ne connaissent point la folie, comme l'affirme M. Lemaître, cela ne tient-il pas plus qu'on ne croit aux conditions d'existence de ces peuplades qui vivent au grand air et qui apprécient surtout les qualités physiques, telles que la vigueur, l'adresse et l'agilité?

Ici, j'avoue qu'il y a excès, car on trouve, dans ces sociétés non civilisées, trop d'hommes robustes de corps et faibles d'esprit, mais, par contre, dans notre société raffinée, on trouve trop d'hommes riches d'esprit et faibles de corps.

Cette disproportion de nos facultés morales et de nos forces physiques, si funeste à notre race, doit disparaître. Notre devoir, c'est-à-dire notre honneur, nous oblige à rétablir l'équilibre entre la vie cérébrale et la vie organique et à faire, au moins de nos enfants, suivant le désir exprimé par Saint-Marc Girardin, des hommes qui, sans être nigauds d'esprit, ne soient pas nigauds de corps.

La gymnastique faisait partie du programme imposé aux jeunes Grecs qui recevaient une éducation libérale, et les Romains disaient d'un homme dont l'éducation avait été négligée qu'il n'avait appris « ni les lettres ni la natation ». Le fond de la pédagogie antique était l'équilibre entre les qualités du corps et celles de l'esprit; c'est même en recommandant la gymnastique et l'hygiène que les grands esprits, comme Platon et Aristote, ont espéré donner à la jeunesse le goût des plus nobles vertus et féconder ainsi les préceptes de la morale.

*
* *

A certains égards, il faut reconnaître que le sentiment de l'honneur s'est perverti en France depuis quelques années. Bon nombre de Français d'aujourd'hui croiraient ne pas se respecter s'ils rivalisaient au grand jour de vigueur et d'agilité. Il y en a qui se livrent sans pudeur à des contorsions désordonnées dans des bals publics et qui rougiraient de jouer à la paume dans un lieu fréquenté.

D'autres imitent la correction de ce gentleman dépeint avec une verve humoristique par M. Henri Lavedan dans « son carnet d'un petit châtelain ». Ce représentant du bon ton contemporain craignait de faire un geste : « Il était né pieu », et il le confessait : « Je n'ai pas souvenir, disait-il, d'avoir couru une seule fois en ma vie. Il y a une quantité de gestes usuels, de mouvements larges et vigoureux que je n'ai pas faits, que je ne ferai jamais. »

D'autres enfin laissent à la nature le soin de développer leurs membres, n'ayant pas l'air de se douter que l'éducation lui vient en aide, et que les actes accomplis dans l'exercice de leurs fonctions peuvent engendrer, par leur répétition, des déformations corporelles ou amener à la longue la dépression d'une partie du système musculaire, si l'on ne remédie point à ces inconvénients par une gymnastique réglée et mise au point.

Non, les exercices physiques ne sont point en honneur dans notre pays où jadis les nobles et les princes du sang ne dédaignaient pas de s'adonner avec passion à un jeu éminemment français, le célèbre jeu de paume, délaissé en cette fin de siècle pour la manille, le piquet ou le whist exotique et silencieux.

Que nous sommes loin, à cet égard, de l'époque où François Ier et Henri VIII pouvaient rivaliser de vigueur et de souplesse dans une lutte corps à corps, sans provoquer les exclamations indignées de leur entourage et sans se couvrir de ridicule aux yeux de ceux qui même alors ne faisaient pas litière de leur dignité! Je ne cite ce trait historique que pour mettre plus vivement en relief des changements très regrettables qui se sont infiltrés avec le temps dans notre système d'éducation et dans nos mœurs. Nos ancêtres avaient le culte peut-être excessif de la vigueur physique; nous, nous sacrifions tout à la culture intensive de l'esprit. Par une étrange contradiction, à notre époque où le positivisme outré devient presque une religion, on raffine « l'ange » dans l'enfant et on néglige « la bête ». Il est très distingué aujourd'hui de disserter sur le moi, d'épiloguer sur les « états d'âme » les plus fugitifs, mais on accueille avec des sourires dédaigneux ceux qui osent réclamer pour l'enfance une éducation plus virile et plus saine. Dans l'esprit de beaucoup de personnes instruites et qui croient être dans le bon ton, dans l'ordre, les exercices du corps n'évoquent que des images grotesques, les contorsions des acrobates ou les pirouettes des clowns.

Je ne prétends pas cependant que la vigueur musculaire et la beauté des formes ne trouvent plus d'admirateurs dans notre pays, mais j'affirme qu'on y délaisse, en grande partie par un faux point d'honneur, les moyens de devenir vigoureux et beau.

Le discrédit des exercices corporels est tel, dans certaines de nos provinces, qu'un homme occupant une situation honorable ne pourrait, sans se compromettre, s'y adonner publiquement. Qu'un instituteur s'avise, dans beaucoup de localités, de donner à ses élèves des preuves de ses aptitudes physiques et de les entraîner par l'exemple, il sera taxé de légèreté et d'incorrection par les parents stupéfaits et indignés. A plus forte raison, un fonctionnaire occupant dans la hiérarchie un rang supérieur doit-il observer à cet égard la réserve la plus imposante; on serait tenté de croire que plus les fonctions sont élevées, plus le dédain de la force musculaire est de rigueur.

Ainsi, dans le chef-lieu d'un département du Midi, un haut fonctionnaire, voulant éviter un détour, franchit d'un bond un tas de neige qui obstruait la route, en présence de quelques habitués d'un café voisin, blottis dans les angles de la porte d'entrée de l'établissement et comme réduits de proportions par le froid ; ce fonctionnaire fit même preuve d'une grande souplesse et d'une réelle virtuosité de sauteur.

Ces spectateurs, figés dans une immobilité grelottante, furent scandalisés d'une pareille infraction aux règles de la bonne tenue et ils en conclurent, par une étrange association d'idées, que cet homme si agile ne pouvait être qu'un fonctionnaire léger et insoucieux de son prestige officiel.

En somme, des airs guindés et même souffreteux semblent mieux convenir de nos jours à l'homme qui veut exercer sur la foule le prestige de la physionomie et du maintien que la prestance réconfortante de l'homme vigoureux. Je n'exagère pas en affirmant que, pour la masse, la vigueur physique est un des signes extérieurs de la faiblesse de l'intelligence.

« C'est dans l'éducation moderne qu'on s'est habitué à séparer le développement du corps du développement de l'esprit. Veut-on faire un lettré? on fait un homme de cabinet qui ne sait se servir de ses yeux que pour lire et de ses doigts que pour écrire. Veut-on faire un homme robuste et fort? on fait un ignorant, si bien que, dans l'opinion ordinaire, qui dit un homme robuste dit un nigaud d'esprit, et qui dit un savant dit un nigaud de corps. » (Saint-Marc-Girardin, *J.-J. Rousseau*, II, p. 113.)

C'est contre ces préjugés absurdes qu'il faut lutter dans les villes et dans les campagnes, mais ce mouvement de progrès, pour être efficace et rapide, doit venir d'en haut. Il faut désormais que tout le monde sache que les pouvoirs publics favorisent et encouragent toutes les mesures, toutes les innovations ayant pour objet le développement musculaire de l'enfance et de la jeunesse, et s'efforcent de mettre en honneur tous les exercices physiques destinés à rendre à notre race ses qualités innées, qui en faisaient jadis, sinon la plus vigoureuse, du moins la plus alerte, la plus souple et la plus vivante du monde.

CHAPITRE III

Le sentiment de sociabilité.

L'homme est, par excellence, un être sociable. S'il ne peut vivre seul, l'enfant éprouve aussi l'irrésistible nécessité de fréquenter des camarades et de former avec eux des sociétés de son choix. Les personnes âgées qui l'entourent n'ont pas toujours l'intelligence de ses besoins. Impressionné par leurs refus ou effrayé par leurs admonestations, l'enfant devient hésitant et craintif. Si, au contraire, on accède par faiblesse à ses fantaisies, il ne connaît plus de bornes à ses caprices.

Elevé dans l'isolement, l'enfant perd de son énergie ou se transforme peu à peu en véritable despote; de là, les bienfaits de l'éducation publique. Mais, sous les regards du maître, sa liberté est très limitée; l'école n'est donc, pendant les heures de leçons et de surveillance, qu'une image imparfaite de la société, et la vie scolaire qu'une reproduction affaiblie de la vie sociale. La personnalité des élèves s'y développe, mais en vase clos; les traits les plus saillants du naturel s'y estompent et les caractères tendent trop à y prendre le même moule.

Est-ce à dire que la discipline scolaire ait de funestes effets? Non, car si l'éducation est une œuvre de liberté, elle est aussi une œuvre d'autorité. Il faut donc que l'enfant s'habitue de bonne heure à respecter des principes d'ordre rigoureux, mais il est non moins nécessaire qu'il jouisse, à certains moments, de libertés très étendues et qu'il goûte sans restriction le plaisir de vivre avec ses amis et d'échanger avec eux ses impressions; on favorise ainsi le développement normal de ses tendances sociales.

*
* *

Les associations formées dans les jeux collectifs présentent l'avantage de réunir dans les mêmes groupes des enfants de caractères différents et même opposés, d'adjoindre à des joueurs énergiques des compagnons de jeux aux allures indolentes et molles, de rapprocher de joueurs très vifs et d'humeur inconstante des camarades calmes, patients et tenaces, de neutraliser, en définitive, les défauts des uns par les qualités ou même par les travers des autres.

Ici, les enfants ne doivent pas s'incliner, comme dans l'école, devant une règle impérative dont ils n'ont parfois qu'une notion vague et incomplète; ici, leur soumission n'est jamais irraisonnée.

Toutefois, les droits des joueurs sont limités par ceux de leurs camarades, mais l'enfant ne s'étonne pas de cette restriction de sa liberté, il sent qu'elle est conforme à l'ordre naturel des choses. D'ailleurs, il a le droit de se faire respecter par ses compagnons, tandis que, durant les classes, sa personnalité semble disparaître en présence du maître, à ses yeux omnipotent. Si le maître se trompe, qui osera le lui faire observer? Ses décisions ne sauraient être discutées; elles sont sans appel, puisqu'il détient tous les pouvoirs.

Dans les jeux, au contraire, des discussions parfois très vives s'élèvent entre les joueurs, toujours décidés à protester contre l'erreur et la violence. Les parties de jeu, ainsi mêlées de disputes et de brouilles, familiarisent par degrés les enfants avec les notions du tien et du mien, du juste et de l'injuste; elles font éclore et grandir en eux le sentiment social par excellence, le sentiment de la justice.

La violence ou la déloyauté des camarades mauvais ne sont pas sans utilité; la difficulté des relations avec ces joueurs dyscoles forme l'enfant à la pratique de la vie sociale : « Les camarades mauvais, a dit M. Marion, dans son bel ouvrage intitulé *La solidarité morale*, sont comme certaines plantes d'une saveur amère et qui ont une vertu tonique et curative. »

Le grand avantage des jeux collectifs, c'est donc de permettre à l'activité enfantine de se déployer sans être contenue par des procédés artificiels, sans être circonscrite par d'autres limites que celles qu'imposent strictement les relations sociales, c'est d'obliger tous les joueurs au respect des mêmes règles et à l'observation des mêmes convenances, c'est-à-dire d'établir parmi eux une sorte d'égalité universelle et au-dessus d'eux une autorité impersonnelle et collective, c'est, en résumé, de concilier avec un rare bonheur et même avec attrait la liberté et l'autorité.

En outre, la similitude des goûts et des besoins rapproche les enfants dans les jeux : les jeunes athlètes forment des sociétés d'autant plus intéressantes pour chacun d'eux que rien de ce qui peut émouvoir un joueur quelconque n'est indifférent à ses compagnons de plaisir.

Ignorant encore la fausseté des dehors et la fragilité des affections humaines, l'enfant se montre à ses camarades avec l'insouciance et l'ingénuité de son âge. Avec le temps, il pourra devenir prudent et même rusé, dans les jeux, mais sans incliner à la fourberie ; les enfants réunis excellent à discerner ce défaut qui leur est plus odieux que la violence.

*
* *

Le grand nombre des joueurs contribue aussi à développer, chez l'enfant, le sentiment de la camaraderie. Il est évident, par exemple, qu'une partie de barres l'intéresse d'autant plus qu'il y a plus de joueurs dans les deux camps ; or, plus le plaisir éprouvé dans la société des autres est vif, plus il est disposé à le rechercher.

Des jeux, comme le jeu de quilles, sont en général moins attrayants pour les écoliers que les barres, la balle au camp, le jeu de paume, par exemple, parce que, dans les premiers, un moins grand nombre d'enfants agissent simultanément.

Le nombre des groupes et la diversité de leurs jeux augmentent encore l'animation générale : les cris enthousiastes, les exclamations et les discussions bruyantes et le spectacle si vivant d'une foule mouvementée, qu'agitent des sentiments d'une incomparable vivacité, exercent sur tous les enfants une influence dont ils subissent presque à leur insu le charme magnétique et grisant.

J'ai eu l'occasion de faire à cet égard de nombreuses observations comme élève et comme maître; je ne citerai ici que des souvenirs de mon enfance.

A cette époque, j'étais élève d'une école primaire où mes camarades étaient, comme moi, passionnés pour les exercices physiques et surtout pour les jeux collectifs de plein air.

L'école, dépeuplée pendant la belle saison, s'emplissait d'enfants dès les premiers jours de l'hiver. Là, étaient réunis, pendant les mois de l'année où les travailleurs des champs sont à peu près inoccupés, près de cent élèves robustes et remuants. Aussi, les enfants qui formaient la clientèle assidue de l'école voyaient arriver joyeux la saison des frimas.

Pendant l'été, nos récréations étaient bien consacrées jusqu'à la dernière minute à nous distraire, mais le petit nombre des joueurs et des groupes refroidissait notre vivacité, tandis que, pendant l'hiver, le spectacle de joueurs nombreux formant une série de groupes agités par des émotions bruyantes et variées réagissait sur chacun de nous avec une indéfinissable puissance. On s'échauffait, on s'excitait, on sympathisait, sous l'influence du nombre si intense et si contagieuse.

Les disputes étaient rares, malgré la liberté dont nous jouissions. Un joueur violent peut ne pas hésiter, s'il est le plus fort, à s'attribuer la part du lion, au détriment d'un adversaire seul contre lui, mais, en présence de camarades réunis, son intérêt lui conseille la prudence; il peut même s'amender à la longue sous l'empire de la nécessité et de l'habitude.

Parfois, lorsque le temps était beau, l'instituteur nous conduisait en promenade, dans l'après-midi, jusqu'au pied d'une colline limitant à l'ouest la pittoresque vallée de l'Ousse, un affluent de la rive droite du Gave de Pau. Là, dans les champs appelés « touyàas » dans la langue du pays, le maître nous donnait pleine et entière liberté.

Au signal convenu, nous nous précipitions dans toutes les directions. Des courses folles commençaient. Les uns se poursuivaient dans la plaine, franchissant les fossés, bondissant par-dessus les ajoncs épineux et les cépées rabougries; les autres apparaissaient bientôt au sommet de la colline et leurs silhouettes sautillantes se découpaient sur le ciel.

Nos cris qui retentissaient de tous côtés, reproduits par les échos, notre éparpillement et l'étendue de l'espace occupé par nous me donnaient l'illusion d'une multitude innombrable, et je n'ai jamais eu, au même degré, la sensation grisante de la foule.

Au signal du retour, les rangs se reformaient sans délai et nous rentrions, les uns narrant les incidents de la journée en les exagérant jusqu'à les déformer, les autres écoutant ces récits entrecoupés de rires et d'éclats de voix. Nous étions un peu las, mais aussi nous étions devenus meilleurs. Pendant ces heures de gaîté collective, les natures les plus froides semblaient être animées d'un souffle généreux.

Je ne vois pas pour quels motifs ces promenades récréatives ne seraient pas encouragées dans nos écoles. Les enfants d'écoles voisines ou situées dans des villages limitrophes pourraient être conduits, à jour fixe, en promenade par leurs maîtres respectifs, qui désigneraient à l'avance le lieu de leur rendez-vous commun. Ces maîtres offriraient ainsi à leurs élèves d'excellentes occasions de se connaître et de sympathiser, et c'est ainsi que le sentiment de sociabilité s'accentuerait chez les enfants de maints centres ruraux où, de nos jours encore, tout étranger est d'instinct traité en suspect.

CHAPITRE IV

La solidarité et l'amitié.

La sociabilité n'entraîne pas nécessairement avec elle le désir de vouloir du bien aux hommes : nous pouvons nous plaire dans la société de nos semblables sans être leur ami. Combien d'hommes du monde ne recherchent la foule que pour se distraire!

L'enfant, pendant ses premières années, rapporte tout à soi; il est le type de l'égoïste inconscient. S'il recherche la société des enfants de son âge, c'est d'abord par instinct et aussi parce qu'il ne peut guère se distraire seul, mais leur fréquentation lui apprend bientôt que ses propres intérêts ne sont pas absolument indépendants des leurs.

Dans les jeux collectifs, le sentiment de solidarité s'éveille et grandit dans le cœur de l'écolier; il suffit, pour le prouver, d'analyser, à un point de vue spécial, les impressions de l'enfant qui joue.

Dans le jeu de barres, par exemple, lorsqu'un joueur s'élance à la poursuite de ses adversaires, il entend derrière lui les cris de ses alliés qui l'excitent, le dirigent ou s'efforcent, par leurs appels, de le mettre en garde contre des feintes habiles et contre l'impétuosité de ses élans. Vainqueur, ses amis le félicitent et l'applaudissent; vaincu, il lit sur leurs physionomies une déception générale.

Lorsqu'il voit un de ses alliés entrer en lice, il frissonne, à son tour, d'espérance ou de crainte : il le suit des yeux, il observe tous ses gestes et il subit toutes ses émotions.

S'aperçoit-il que son ami est sur le point d'être pris, sa physionomie trahit ses appréhensions; s'il voit, au contraire, qu'un adversaire est forcé de se rendre, il excite son allié et parfois, dans le délire d'une gaîté subite, il témoigne sa joie par des contorsions extravagantes.

Le sentiment de solidarité s'accentue chez les joueurs dans les moments décisifs. J'ai vu, dans le jeu du palet, des joueurs privés de leurs engins après des coups malheureux, et attendant avec une impatience non dissimulée l'issue du dernier coup d'ordinaire réservé au joueur le plus habile, se précipiter sur lui pour le féliciter, s'il touchait le but, et oublier d'aller chercher leurs palets, dans ces démonstrations d'une joie excessive, s'exposant ainsi sans défense au projectile du trimeur.

Dans les jeux collectifs, l'enfant s'aperçoit donc que ses intérêts sont liés à ceux de ses partenaires et que ceux-ci témoignent pour sa cause, qui est la leur, un intérêt sincère et profond. Il sent alors, avec toute la vivacité de son âge, qu'il convient de soutenir les intérêts de ses alliés puisqu'en se prodiguant pour eux il travaille aussi pour lui.

Ici, l'écolier solidarise ses intérêts même avec ceux de ses adversaires ; il lutte contre ses concurrents, mais sans aigreur. S'il est désagréablement impressionné par un insuccès, d'ordinaire cette émotion pénible ne dure pas longtemps.

L'enfant est d'autant plus intéressé à se montrer conciliant avec ses rivaux que ceux-ci lui procurent l'occasion de déployer ses forces en liberté et de passer avec eux des moments de gaîté folle; si, par des procédés injustes ou discourtois, on les dégoûtait de l'action, il serait vivement contrarié de la cessation des jeux. J'ai vu des discussions s'engager entre des joueurs; lorsqu'elles menaçaient de tourner au détriment de tous, des arbitres appartenant aux deux camps intervenaient de propos délibéré pour empêcher que la partie fût interrompue.

Les joueurs les plus acharnés à la défense de leur cause avaient bien l'air de céder à regret aux conseils de leurs amis, mais ils se réjouissaient en réalité de la continuation des jeux. Ce qui me le prouvait, c'était leur oubli instantané de la querelle et le jaillissement subit de leur enthousiasme au moment où l'action recommençait.

Enfin, la répartition des joueurs dans les camps n'est pas toujours la même. Tel joueur appartient à un camp, pendant une partie, qui passe dans le camp opposé, au commencement d'une partie suivante.

On ne s'hypnotise pas ici dans l'uniformité. On joue pour agir et pour se récréer; or le changement est une source d'émotions. Ces modifications dans la composition des camps introduisent la variété dans un même jeu et donnent aux enfants, à l'égard de leurs camarades, tantôt le rôle d'alliés, tantôt celui d'adversaires. De la sorte, les mêmes joueurs ne peuvent solidariser longtemps des intérêts toujours identiques et la solidarité devient ainsi plus impersonnelle et plus étendue.

Cette inclination perd de sa vivacité, dans ces changements, mais, par contre, elle gagne en ampleur et en noblesse.

*
* *

Des sentiments d'un ordre plus élevé que cette solidarité, qu'on peut définir la parenté des intérêts, animent bientôt les joueurs. La sympathie n'est tout d'abord que la disposition des êtres sensibles à éprouver les émotions dont ils voient chez les autres les caractères extérieurs, or cette disposition s'accentue chez l'enfant qui joue. Sollicité par des émotions très vives, surtout au moment du succès ou à l'heure de la défaite, le joueur est impuissant à les celer. Ses cris et ses gestes expressifs font naître alors dans l'âme de ses camarades des émotions de même nature.

Il ne sera pas ici question de la forme générale de la sympathie, « de cette force de cohésion qui rapproche les individus et les tient groupés » — j'ai d'ailleurs montré les principaux effets de cette inclination fondamentale dans le chapitre précédent, — mais des formes vives de cette tendance, de l'affection et de l'amitié.

Il nous est impossible, en effet, d'éprouver les mêmes impressions qu'un de nos semblables sans être attiré vers lui par une affection grandissante. Plus que les personnes âgées, les enfants exercent un empire prodigieux les uns sur les autres et, chez eux, « l'imitation de l'effet extérieur des qualités en produit bientôt la réalité intérieure. » (Mme Necker de Saussure, liv. II.)

Dans les jeux collectifs, la sympathie engendre vite l'affection. Le succès d'un joueur quelconque provoque d'ordinaire chez ses alliés une joie qui le rend heureux; en cas d'échec, leur déconvenue fait sur lui autant d'impression que sa défaite.

Cette similitude de sentiments et la réciprocité des bons offices transforment peu à peu les joueurs; d'abord associés par l'intérêt, ils se témoignent bientôt une affection qui grandit de jour en jour.

L'amitié naît entre eux, avec le temps, par un commerce quotidien. Elle est d'autant plus sûre que les joueurs se connaissent, leurs défauts et leurs qualités se révélant, à certains moments, avec un étrange relief, dans les jeux collectifs. Sans doute, il y a des enfants qui se montrent réfractaires aux sentiments affectueux, et qui sont toujours disposés à défendre leurs intérêts avec une âpreté que ne tempère aucune émotion généreuse, mais ceux-là sont vite connus et délaissés. L'intérêt les oblige à s'amender, en apparence du moins, car d'ordinaire le jeu les passionne, et s'ils persistent dans leur façon d'agir, le vide se fait autour d'eux.

L'amitié des joueurs comporte surtout la franchise et la fermeté. Ce serait une erreur de croire que des joueurs amis se tolèrent leurs étourderies ou leurs violences : ils se traitent avec bienveillance, mais, à cet âge où l'amour-propre est si vif, où l'on est si passionné contre l'injustice, l'étourderie, qui compromet le succès, est souvent inexcusable et la violence toujours odieuse. Jamais les enfants élevés au grand air ne poussent la complaisance jusqu'à la basse flatterie, que d'instinct ils ont en horreur.

J'ai passé mon enfance et mon adolescence dans un grand village situé à égale distance de Pau et de Tarbes. Les jeux de force et de souplesse étaient en honneur dans cette commune, dont la jeunesse disputait de vigueur et d'agilité avec celle d'une commune voisine.

Les jeunes gens de ces deux centres ruraux, séparés par une grande plaine, ne se rencontraient jamais dans les champs sans se livrer à leurs ébats favoris.

Chaque année, le jeudi saint, dans l'après-midi, avaient lieu, dans cette plaine, des exercices athlétiques. La jeunesse des deux villages y participait, d'après une coutume fort ancienne dont je n'ai jamais pu connaître l'origine.

A une heure du soir, on voyait des groupes animés se rendre au lieu fixé pour les jeux, conduits par des arbitres qui, pour éperonner l'ardeur des combattants, leur racontaient les prouesses des anciens, des vainqueurs de jadis.

Au moment de l'action, nous étions bouillants d'ardeur : il nous semblait qu'un devoir impérieux nous commandait d'être les dignes successeurs des « héros » d'autrefois et les vaillants chaperons du drapeau communal.

Les jeux commençaient. Ici, la lutte, l'exercice préféré des Béarnais d'alors; là, les sauts et les jeux de force. On s'escrimait à soulever des poids, à lancer de différentes façons et aussi loin que possible des corps très lourds, des pierres, des barres de fer et de bois.

Les applaudissements, les exclamations étonnées et les cris de déception des spectateurs exaltaient l'amour-propre des athlètes qui, vaincus dans un jeu, s'efforçaient de prendre leur revanche dans un autre.

Après deux heures d'exercices violents coupés par des moments de repos, les jeux cessaient et les arbitres réunis décidaient de quel côté se trouvait l'avantage.

Eh bien, malgré l'ardeur des deux partis, les vainqueurs et les vaincus se séparaient après le jugement des épreuves, en se donnant d'amicales poignées de main.

L'amitié la plus sincère a toujours uni la jeunesse de ces deux villages, tandis que nos relations avec les enfants d'une autre commune voisine, qui, par tradition, ne jouaient guère avec nous, n'étaient pas empreintes de la même cordialité, quoiqu'elles ne fussent ni peu fréquentes ni dénuées d'agrément.

Les joies toujours grandissantes de l'exercice physique et l'irrésistible attrait de nos jeux collectifs en pleins champs n'étaient donc pas étrangers à cette prédilection que nous avions pour nos rivaux. Le temps n'a pas altéré cette affection d'ailleurs mutuelle, et lorsque des adversaires d'autrefois, aujourd'hui dispersés, se rencontrent, ils se rappellent encore non sans émotion les incidents joyeux de leur enfance et les prouesses de leur jeune âge dues à une rivalité généreuse et féconde.

*
* *

Il y a des prédilections particulières qui naissent entre les joueurs de la communauté ou des contrastes de leur nature.

Tantôt, c'est la similitude des goûts et même des aptitudes physiques qui fait naître et cimente leur affection. Dans ce cas, les joueurs n'ont jamais une condescendance outrée les uns pour les autres; ils s'affectionnent, mais ils sont jaloux de leurs progrès individuels et collectifs. A les voir, on dirait qu'ils ne sympathisent que pour grandir ensemble.

Tantôt, au contraire, c'est la vigueur ou l'énergie des uns qui attirent les natures faibles ou apathiques. Ces joueurs sont parfois unis par une amitié touchante. Le plus fort protège le plus faible et n'hésite pas au besoin à prouver par des actes qu'il le couvre de son appui. Mais ces liaisons n'ont pas pour effet d'atténuer les contrastes qui en sont la cause; elles [illegible]entuent l'humeur impérieuse des uns et la mollesse des autres.

C'est ainsi que les jeux peuvent donner, à certains égards, la clef des caractères. Un maître qui sait observer les enfants y distingue bientôt ceux qui aimeront la lutte et le pouvoir et ceux qui ne sortiront de leur engourdissement que sous l'impulsion d'influences étrangères.

CHAPITRE V

La probité et la sincérité.

La probité, c'est d'abord le respect des biens. L'improbité nous répugne d'instinct.

Le droit de propriété, en effet, est un droit primordial auquel nous attachons une importance exceptionnelle. Celui qui le viole nous lèse dans nos intérêts, trop souvent les plus chers, et froisse notre amour-propre. Nous sommes privés, par son fait, de biens auxquels nous tenions d'autant plus qu'ils nous avaient coûté plus d'efforts pour les acquérir et nous sommes indignés, irrités, d'avoir été trompés ou violentés. Celui qui est volé éprouve, avec le regret des biens perdus, une irritation très vive de l'atteinte portée à ses droits. Il y a des cas où la perte des biens dérobés ne nous émeut pas autant que l'injure ressentie : ainsi un homme arrêté par des bandits et dépouillé de sa bourse dans une lutte corps à corps peut ne pas être aussi exaspéré contre eux qu'il le serait contre un voleur futé qui lui aurait prestement enlevé un objet de moindre valeur.

Dans le premier cas, le volé n'a cédé qu'au nombre et à la violence; dans le second cas, il est en partie victime de sa confiance excessive ou de son étourderie. L'habileté du filou forme ici contraste avec la bonhomie insouciante ou le manque de sagacité du volé qui peut même paraître, à certaines gens, naïf et ridicule. On se dit que si la victime d'un voleur adroit avait été plus avisée, elle aurait été à l'abri d'une pareille mésaventure et que les filous savent d'ordinaire choisir leurs dupes.

Eh bien, l'enfant s'exaspère lorsqu'il est victime de l'improbité d'un camarade.

L'un des instincts les plus puissants du premier âge est l'instinct de propriété; il est tellement accentué chez des enfants que cette tendance outrée les rend à peu près insociables. Les plus jeunes écoliers sont toujours disposés à défendre leur bien avec acharnement, et s'ils respectent la propriété de leurs camarades, c'est parce qu'ils redoutent d'être eux-mêmes victimes de procédés indélicats.

Qu'on mette en présence deux enfants possesseurs de jouets différents et ils les garderont avec un soin jaloux; s'ils font des échanges, ce n'est qu'après une entente mutuelle toujours boiteuse à cause de leurs caprices soudains et de leurs exigences successives.

Il semble qu'avec des dispositions aussi égoïstes, l'enfant ne soit pas tenté de jouer avec des camarades; il n'en est rien. Les jeux lui plaisent par-dessus tout et, pour jouer, il dépouille son égoïsme étroit. D'ailleurs, l'écolier sait que s'il s'expose à perdre, dans les jeux, il a, par contre, des chances de gain. Cependant deux enfants qui jouent seuls ne tardent pas d'ordinaire à se disputer.

Réunis en groupes, les enfants montrent toujours une humeur plus conciliante, surtout dans les jeux athlétiques. Je l'ai prouvé dans des chapitres précédents, mais il est nécessaire que j'expose ici des arguments nouveaux pour mettre tout particulièrement en évidence la relation qui existe entre l'exercice physique et la probité.

Dans les jeux collectifs, chaque joueur sait

que ses alliés surveillent ses intérêts; leur concours le dispense d'être toujours attentif aux moindres faits et gestes de ses adversaires et le préserve ainsi de l'impatience nerveuse que ferait naître en lui l'obligation de les surveiller de près et à tout instant. Moins obsédé par la crainte d'être dupé, le joueur tend à devenir plus large et plus tolérant. En outre, l'intérêt collectif est toujours moins étroit que l'intérêt personnel : en s'étendant à un plus grand nombre d'individus, l'intérêt se dépouille de sa mesquinerie et de son âpreté.

D'ailleurs, l'un des attraits les plus puissants de ces exercices, c'est le déploiement de l'activité physique, le plaisir de l'action. Aussi les joueurs sont reconnaissants les uns envers les autres de leur mutuel concours, et j'ai vu, dans maintes circonstances, des enfants manifester une joie très vive lorsqu'un de leurs amis rendait possible une partie en y acceptant un rôle.

On voit que les enfants s'accordent, dans les jeux, une confiance réciproque mais non excessive; toutefois, cette confiance quoique limitée les dispose à s'en rendre dignes.

Est-ce à dire que les joueurs enclins à l'improbité ne soient jamais tentés de céder à leur penchant? Non. La tentation peut être assez forte, à certains moments, pour qu'ils cherchent à duper leurs camarades, en leur dérobant des billes, des toupies, etc., en un mot des engins utilisés dans les jeux, en majorant leurs points, en trompant leurs adversaires sur la valeur des coups. Mais l'expérience ne tarde pas à les rendre circonspects ou même à les amender.

D'abord, malheur à eux si leurs tricheries sont découvertes : leur conduite provoque de véritables tempêtes, des explosions de rage. C'est alors surtout que les discussions peuvent dégénérer en bousculades et en rixes. Il est même très rare que des joueurs abusant de leur force viennent en aide à un de leurs partenaires surpris en flagrant délit d'improbité et s'efforcent de le soustraire aux corrections de ses adversaires irrités.

En présence d'une action répréhensible, les enfants réunis obéissent d'instinct au sentiment de la justice; fussent-ils intéressés à soutenir une mauvaise cause, ils hésitent à s'employer pour le coupable. Dans les conditions normales, ils désavouent tout joueur malhonnête. Si un joueur met sa force au service d'un camarade peu scrupuleux, on peut affirmer que son naturel est mauvais. Qui garantit d'ailleurs aux partenaires du coupable qu'ils ne seront pas à leur tour ses victimes?

De plus, les écoliers répugnent à l'emploi de moyens illicites pour triompher de leurs rivaux dans les jeux athlétiques : ici, dédaigneux des procédés interdits et des ruses condamnables, ils aiment à l'emporter sur des adversaires tout en observant les règles strictes des jeux.

Il arrive même que, lorsqu'un joueur est surpris en flagrant délit de mauvaise foi, ses partenaires demandent que la partie recommence ou que la situation soit réglée sans tenir compte des coups à juste titre contestés.

Aussi bien, tout joueur suspect souffre de la surveillance continuelle exercée sur lui ostensiblement ou à la dérobée par ses camarades soupçonneux. Heureux encore lorsqu'il est accepté par eux à titre d'allié ou d'adversaire, car « les enfants ont leur justice, leurs tribunaux, leur code pénal et il n'est pas rare de voir un écolier frappé d'ostracisme pour avoir commis quelque grave infraction aux lois de l'honneur. » (M. Vessiot, *De l'éducation à l'école*, p. 332.)

Condamné à ne pas prendre part aux ébats des enfants de son âge, le joueur improbe subit un châtiment qui dure jusqu'à ce qu'il ait donné des preuves non équivoques de sa résipiscence.

Un de mes amis d'enfance fut surpris un jour au moment où il dérobait à un de ses camarades quelques boutons servant d'enjeu dans une partie de billes; il fut conspué partout où il osa se montrer. Lorsqu'il s'approchait d'un groupe de joueurs, ceux-ci, plutôt que de jouer avec lui, prenaient les résolutions les plus extrêmes : les plus vigoureux lui montraient les poings, les plus faibles reprenaient leurs billes et suspendaient la partie jusqu'après son départ.

Enfin — j'insiste sur ce point, — ce qui exaspère surtout les enfants dupés, c'est le ridicule dont ils se sentent atteints. Ils s'aperçoivent, en effet, que les joueurs habiles ou vigoureux sont rarement trompés par les joueurs de mauvaise foi, qui ne réservent tous leurs moyens d'action que pour duper des adversaires dont ils ne redoutent ni la sagacité ni la force de poignet. Aussi l'improbité n'éveille pas seulement dans l'esprit des écoliers l'idée de lâcheté mais encore l'idée de moquerie : dans les jeux, être trompé, c'est aussi être méprisé, bafoué par un adversaire lâche et hypocrite qui rit sous cape de son habileté et sourit avec dédain de la naïveté de sa victime.

A titre de revanche, « il n'y a rien dont on rit d'un rire aussi franc que d'un tricheur pris en flagrant délit », dès que l'indignation première s'est apaisée. On lui témoigne désormais de la méfiance, mais on lui prodigue aussi les lazzis ironiques et blessants, on lui rappelle sa déconvenue en glosant sur sa maladresse, et cette ironie l'exaspère encore plus que la « quarantaine » traditionnelle et, dans certains cas, indéfinie quant à la durée.

*
* *

L'improbité pousse souvent au mensonge. Un joueur improbe est intéressé à mentir pour commettre des fraudes à couvert de tout soupçon.

Il résulte des considérations précédentes que la tendance à l'improbité n'est guère prononcée chez la plupart des enfants dans les jeux athlétiques, où le plaisir du mouvement et de l'action les impressionne plus que l'appât du gain et où ils subissent très peu ce qu'on peut appeler l'entraînement du mal.

S'il existe des jeux de ce genre où le succès rapporte des bénéfices en nature, ils sont rares. Les joueurs se bornent d'ordinaire à faire le départ de leurs points, à l'issue de chaque partie.

D'ailleurs, un joueur quelconque n'est guère dupe des mensonges de ses camarades, parce qu'il sait ce dont ils sont capables en fait de vigueur, d'adresse et d'agilité; or, tout ce qui lui paraît extraordinaire ou exagéré lui est suspect.

Aussi bien, les enfants qui mentent n'ont jamais assez de sang-froid pour se composer, pour conserver des attitudes naturelles. Dans leurs gestes et dans leur physionomie, il y a toujours quelque chose d'anormal qui n'échappe pas aux regards scrutateurs de leurs camarades, surtout dans les jeux de plein air où le menteur n'a guère le temps de réagir avec succès contre l'émotion qui suit le mensonge, où l'exubérante franchise de ses compagnons met encore en relief la fausseté de ses allures et la métamorphose soudaine qui s'opère dans toute sa personne.

Enfin les jeux collectifs de plein air ont pour effet naturel d'accentuer, chez les écoliers, le goût et même le besoin de la franchise dans les attitudes. Si l'on observe l'enfant qui joue au grand air, au bel air pur, on le voit dans son état normal. L'œil au guet et l'oreille au vent, le regard étrangement mobile ou fixé sur ses camarades, la physionomie toujours en éveil et subissant de soudains et de profonds changements, l'enfant qui joue traduit par des gestes énergiques et des à-coups impétueux ses moindres impressions. Tantôt replié sur lui-même et prêt à se détendre comme un ressort, tantôt bondissant à droite et à gauche, tout le corps en action, grisé de vie, d'air et d'espace, enthousiaste et ardent, heureux de prendre part sans réserve aux ébats joyeux de ses jeunes amis et de jouir plus qu'on ne croit de leur gaîté débordante, prêt néanmoins à protester avec indignation contre les mensonges ou les tricheries d'un camarade quelconque, l'enfant, dans ces jeux, est admirable de naturel, de grâce naïve et de généreuse franchise. En lui, rien n'est faux. Les feintes sont permises; elles ne sont d'ailleurs que la ressource extrême des joueurs, qui répugnent en général à l'emploi de pareils moyens. Tous préfèrent le succès obtenu au prix d'efforts normaux, par le seul déploiement de leur adresse et de leur force.

En résumé, la sympathie qui d'ordinaire unit les joueurs, l'action bienfaisante et l'attrait de l'exercice physique au grand air presque aussi puissant que la joie du succès, l'absence d'enjeux dans la plupart des jeux athlétiques, le malaise provoqué même chez ses alliés par l'improbité d'un joueur, l'indignation violente de ses adversaires s'il est pris en flagrant délit, la défiance dont il est l'objet et l'ostracisme dont il peut être frappé, la difficulté de donner le change à des adversaires qui l'observent et le connaissent, le contraste saisissant que forme ici l'attitude franche de tous avec les allures louches et fuyantes ou la désinvolture factice du joueur improbe et menteur, tout, même la prudence la plus élémentaire et la plus triviale, dispose, invite et oblige les enfants à être honnêtes dans les jeux collectifs de plein air et tout contribue à faire de ces exercices une excellente école de probité et de sincérité.

CHAPITRE VI

Le sentiment de l'ordre, la grâce et la politesse.

On dit qu'un homme a de l'ordre lorsqu'il aime l'arrangement régulier des choses, lorsqu'il s'impose une règle dans tous ses actes, lorsqu'il combine avec méthode ses moyens d'action en vue d'une fin déterminée. « L'ordre, a dit Bossuet, ne peut être remis dans les choses que par la raison ni être entendu que par elle; il est ami de la raison et son propre objet. »

Le sentiment de l'ordre n'est donc qu'en germe dans l'enfant, mais il se manifeste en lui dès l'âge le plus tendre, car déjà les bambins de deux à trois ans s'ingénient à disposer des objets pour le plaisir de l'œil ou en vue d'une fin connue, et coordonnent leurs mouvements pour produire des effets déterminés.

Le goût de l'ordre est une tendance qui se révèle chez tous les enfants, mais à des degrés et sous des aspects très différents.

Les uns, insoucieux de leur tenue, ont soin de leurs jouets ou de leurs livres ; les autres, moins peccables dans leurs manières, n'ont guère soin des objets qui leur appartiennent; d'autres enfin, malgré leur tendance naturelle à disposer avec ordre les objets qu'ils possèdent, sont désordonnés ou incohérents dans leurs allures.

Cette inclination est étroite et exclusive, dès le principe, puisqu'elle ne s'étend d'ordinaire, chez un enfant, qu'à une certaine catégorie d'actes. Le devoir de l'éducateur consiste à élargir et à développer cette disposition chez les écoliers, sans l'exagérer, c'est-à-dire à leur inspirer le goût de l'ordre dans tout ce qu'ils font, sans leur imposer à cet égard des règles trop minutieuses : le développement excessif de cette tendance pourrait comprimer ou étouffer en eux d'autres inclinations plus importantes.

Le goût exagéré de l'ordre trahit, en effet,

ou un certain fonds d'indolence ou l'étroitesse de l'esprit. L'homme assez énergique et assez intelligent pour mener à bonne fin des travaux difficiles et absorbants répugne à consacrer son temps et ses soins à des occupations n'exigeant qu'un déploiement très modéré d'activité physique ou intellectuelle. Ce ne sont pas les grands travailleurs et les savants illustres qui se distinguent d'ordinaire par la correction de leur tenue et de leurs manières ou l'arrangement méthodique des objets qui encombrent leur cabinet de travail.

Il convient de distinguer ici l'ordre intérieur, l'ordre dans les pensées, de l'ordre extérieur, c'est-à-dire de la correction de la tenue et de la disposition régulière des objets dont nous nous servons.

L'ordre intérieur est la caractéristique des cerveaux puissants et des âmes énergiques; le classement et la coordination logique des idées, qui affluent dans une intelligence active et développée, nécessitent une grande possession de soi-même. Ce travail de l'intelligence n'est possible que grâce au concours d'une volonté forte, capable de contenir la sensibilité sujette à des écarts, et il peut absorber à tel point les forces vives de l'individu que celui-ci ne songe pas toujours à mettre en harmonie le physique et le moral, à manifester dans tous ses actes l'ordre qui règne dans sa nature intellectuelle et sensible.

Est-ce à dire que le désordre extérieur soit nécessairement la marque du talent ou du génie? Non, mais cette opposition entre les façons d'agir de certaines personnes et la sûreté de leur jugement s'explique très souvent par le développement de leur intelligence qui s'élève sans effort au-dessus des détails ordinaires de la vie courante. Cependant ces natures puissantes sont en partie déséquilibrées.

Si l'ordre intérieur doit être l'objet de tous nos soins, l'ordre extérieur n'est pas à dédaigner. L'idéal de l'éducation ne consiste pas seulement à former des intelligences puissantes et des âmes énergiques, mais encore à donner aux enfants le goût de l'ordre dans leurs manières et dans tous leurs actes. Ce qu'il faut éviter ici, c'est la minutie et l'excès.

∴

Les moyens généraux d'éducation du sentiment de l'ordre, dans l'enfant, sont d'abord l'imitation et, plus tard, l'appel à la raison et l'habitude.

Si donc on place les jeunes écoliers dans des conditions telles que l'ordre s'offre à eux de toutes parts sous des formes simples, variées et agréables, et si on donne à leur activité des dérivatifs attrayants en lui imposant toutefois des règles larges et facilement intelligibles, à l'influence de l'imitation s'ajoutera celle de l'habitude, ayant son origine dans des actes de plus en plus raisonnés, et contractée dans les joies de l'action.

En conséquence, la gymnastique, sous toutes ses formes, est un moyen de culture de cette tendance, car, dans la plupart des exercices physiques, on doit se conformer à des principes qui, sans être minutieux à l'excès, n'en sont pas moins rigoureux.

L'exercice physique a surtout pour effet de communiquer à l'enfant le goût de l'ordre dans les mouvements; toutefois, comme chaque mouvement a sa raison d'être et comme la succession des mouvements dont un exercice se compose s'explique par la seule connaissance du but à atteindre, l'ordre dans les pensées correspond ici, dans une certaine mesure, à l'ordre dans les actes.

Dans les jeux athlétiques, l'enfant est toujours obligé, je le répète, de suivre des règles dont il comprend d'ailleurs la raison et l'agencement. La course et les sauts, par exemple, sont en apparence des exercices très élémentaires, néanmoins, ils ont leurs règles et, plus qu'on ne le croit, les enfants doivent apprendre à courir et à sauter. Lorsque l'éducation physique est conçue et dirigée avec méthode, les exercices sont toujours exécutés par les jeunes écoliers suivant des principes commentés et compris.

Dans la gymnastique aux agrès, la liberté de l'agent est très limitée par les principes régulateurs de tous ses mouvements; aussi, cette gymnastique savante n'est pas toujours récréative pour les jeunes athlètes. Cependant la règle y donne à l'enfant le sentiment de plus en plus vif de la régularité des mouvements du corps.

Les jeux collectifs sont, plus que la gymnastique avec appareils, un puissant moyen de culture du sentiment de l'ordre. Dans ces exercices, la règle n'est impérieuse que par échappées; ce n'est plus un réseau de prescriptions s'enchevêtrant sans trous ni lacunes, mais un ensemble de dispositions générales qui dirigent le joueur sans enchaîner sa liberté d'une manière continue, comme les poteaux indicateurs, espacés le long des grandes routes, n'orientent le voyageur que de loin en loin.

Dans les jeux, l'enfant combine ses moyens non dans un silence imposé mais au milieu de l'animation bruyante de ses amis. Ici l'amour-propre et l'intérêt le stimulent à observer les règles du jeu; le plaisir de se mouvoir et d'agir au grand air, le sentiment de sa liberté et la bonne humeur de ses camarades lui font trouver dans l'observation de la règle des joies toujours renouvelées. C'est sinon avec enthousiasme, du moins avec entrain, qu'il s'ingénie à ne jamais violer, dans les mouvements, les principes fondamentaux de ces exercices.

L'ordre collectif ne laisse pas d'ailleurs les joueurs indifférents; ils ne tardent pas à devenir des connaisseurs experts et des juges sévères de l'ordre général.

* * *

La coordination des mouvements en vue d'une fin déterminée est une obligation stricte dans tout exercice gymnastique, mais l'observation de la règle n'est pas incompatible avec l'élégance des attitudes. L'expérience montre à l'enfant que les mouvements peuvent être exécutés non seulement avec habileté mais encore avec une aisance et une souplesse d'un charme singulier. Ainsi, deux gymnastes font le rétablissement à la barre fixe; les mouvements de l'un donnent la sensation énergique de la vigueur et de la précision musculaires, mais ils sont lourds, brusques et saccadés. L'autre déploie la même puissance, mais il se meut avec une telle élasticité que rien ne donne en lui la sensation de l'effort : ses mouvements, au lieu d'être rudes et secs, sont faciles et doux, et la transition de l'un à l'autre s'opère sans brusquerie et sans à-coups. Tout, en un mot, révèle, dans ses attitudes, une aisance naturelle, une mollesse aimable et une sorte d'abandon de soi-même qui provoquent l'admiration et la sympathie : il est gracieux.

La grâce n'est certainement pas la beauté, mais, sans la grâce, la beauté peut ne pas nous impressionner, tandis que la grâce sans la beauté nous charme toujours. Il n'est pas indispensable d'être beau pour être gracieux : bon nombre d'hommes ont, dans tous leurs mouvements, une aisance et une sorte de morbidesse qui leur donnent une indéfinissable puissance de séduction, quoique leur stature n'ait rien de sculptural ; cependant, le développement harmonieux des différentes parties du corps accentue le charme de nos manières, et, si l'on veut acquérir cette qualité, la grâce, dont l'influence est fascinatrice, le moyen le plus sûr consiste à rechercher la beauté des formes. A cet effet, on combinera les exercices physiques de telle sorte que chaque partie du corps subisse le genre particulier de mouvement qui convient pour la développer dans les proportions désirables. La gymnastique n'est pas impuissante à produire ce résultat. Les enfants surtout peuvent devenir gracieux par l'exercice physique, à des degrés d'ailleurs variables, suivant leurs dons naturels.

Cette partie de l'éducation présente d'autant moins de difficultés qu'il y a chez tous les écoliers « un goût naturel d'ordre et d'élégance ; il s'agit de l'employer et quelque chose de ce désir passe dans les contenances et dans les actes. »

Le campagnard même le plus fruste admire d'instinct la grâce des formes et des attitudes, mais alliée à la vigueur; il se distingue, à cet égard, du citadin délicat qui, dans son amour des formes élancées, est un admirateur moins enthousiaste que l'homme des champs de la force physique.

Ces résultats de l'éducation du corps diffèrent selon que les enfants sont exercés à la gymnastique avec appareils ou aux jeux de plein air.

La gymnastique proprement dite augmente surtout le volume et la vigueur des membres supérieurs. Dans les jeux, l'enfant acquiert la souplesse et la facilité du mouvement, qualités physiques plus voisines de la grâce que la puissance musculaire; son corps y est tout entier en action, ce qui favorise encore le développement harmonieux de tous ses membres : « Un remède éprouvé pour fortifier et embellir les enfants, disait Goethe, c'est le jeu en plein air. »

En outre, la gymnastique se compose d'une série d'exercices que les écoliers exécutent d'ordinaire silencieux : ici, les intérêts des athlètes ne sont pas solidarisés et leurs émotions sont individuelles. Plus ou moins latentes et ne rayonnant jamais au dehors avec la fougue prime-sautière des impressions enfantines, ces émotions ne peuvent être ni communicatives ni entraînantes.

La gymnastique méthodique n'est donc guère favorable au développement des inclinations sympathiques. Elle fortifie les enfants mais sans les rendre ni plus aimables ni plus aimants.

Or la grâce ne consiste pas seulement dans un ensemble harmonieux de qualités physiques, elle est encore un des effets de la générosité des sentiments; elle est un mélange d'attributs corporels et moraux. Le don de soi-même, qui provoque en nous la sympathie et que les attitudes d'une personne gracieuse décèlent avec un charme si pénétrant, ne peut être que l'effet de ses généreux mouvements d'âme.

L'action éducatrice de la gymnastique ne saurait donc être comparée ici à celle des jeux collectifs de plein air, si propres, comme je l'ai déjà prouvé, à développer dans l'enfant les sentiments affectueux.

Enfin, dans les jeux, l'enfant acquiert, en

toute liberté, par l'imitation et l'exercice, les qualités extérieures qu'il admire chez les joueurs gracieux.

Ce qui le tient en contrainte, dans la famille et dans l'école, c'est la surveillance indiscrète de ses parents et de ses maîtres. Leurs regards fixés sur lui le gênent et le décontenancent; se sentant observé, « sa sollicitude inquiète sur l'effet que ses défauts extérieurs produisent lui ôtent déjà le charme qu'il peut avoir ». N'existe-t-il pas des personnes gracieuses que des regards admiratifs déconcertent à tel point qu'elles perdent, par des mouvements d'une gaucherie soudaine et des balancements convulsifs de tout le corps, cette grâce extérieure qu'elles retrouvent lorsqu'elles se sentent plus à l'aise?

En résumé, la gymnastique atténue l'asymétrie musculaire et développe les formes; les jeux augmentent l'aisance et la souplesse des mouvements. Combinés avec méthode, la gymnastique et les jeux rendent l'enfant vigoureux, agile et gracieux.

∴

Puisque les jeux favorisent dans l'enfant le développement des tendances sociales, puisqu'ils l'habituent à la franchise et lui donnent le goût de la correction et de la grâce dans le maintien, ces exercices le disposent à la politesse « qui tient au cœur par la sympathie et la sincérité et au corps par la grâce. »

La politesse est, en effet, un état d'esprit qui se traduit au dehors par des gestes et des attitudes; elle est intérieure et extérieure. Elle atteint son plus haut degré de perfection chez les personnes qui allient un tact exquis à une vraie bonté d'âme et dont les formes physiques sont gracieuses. Il est évident que la politesse ne saurait avoir de prix que si elle résulte d'une bienveillance sincère et de l'amour du prochain : la vraie politesse, a dit Voltaire, est la douce et fidèle image de la bonté du cœur; cependant, les qualités du corps sont ici tellement avantageuses qu'il n'est pas rare de trouver, dans les milieux élégants, des gens égoïstes et secs qui ont une réputation de politesse raffinée due tout entière à la grâce et à la distinction suprême de leurs manières.

La politesse doit donc agir et se produire : c'est une vertu qui ne saurait rester latente. Par nature, elle doit revêtir des formes extérieures; de là, l'influence et l'utilité de l'éducation du corps.

Dans les jeux collectifs, l'enfant acquiert, en outre des qualités physiques, cette sagacité particulière que Mme Necker de Saussure appelle l'instinct pour le prochain, cette faculté toute sensitive qui le transporte en quelque sorte dans l'âme de ses camarades et lui fait deviner ce qu'ils désirent ou ce qui leur déplaît ; il a ainsi maintes occasions de plaire à ses amis lorsque ses intérêts personnels trop pressants ne l'obligent pas à une réserve prudente. Quoi qu'il fasse d'ailleurs, les jeux développent en lui cette pénétration d'esprit et cette intuition des dessous qui lui font connaître et qui lui permettent de prévenir, s'il est naturellement bon, les désirs de ceux qui l'entourent. Or, si la politesse est toujours séduisante, elle a un prix exceptionnel lorsqu'elle s'applique à satisfaire les désirs de nos semblables avant même qu'ils les aient manifestés, « lorsqu'elle leur épargne la pudeur de nous les découvrir eux-mêmes. »

Dans les jeux, l'enfant apprend la politesse

qui convient à son âge; formant avec ses camarades une société dont il comprend les exigences, rien de ce qui intéresse ses amis ne lui est bientôt inconnu et, sans tarder, il a la notion exacte des rapports qui existent entre eux et lui et des devoirs que ces relations lui imposent.

La politesse est pour le joueur une obligation stricte à laquelle il se soumet d'abord par intérêt, mais le désir d'être agréable à ses camarades atténue peu à peu l'âpreté de son égoïsme d'enfant. Sans oublier les règles de la prudence et les nécessités du jeu, le joueur confond bientôt dans la même affection alliés et adversaires, et il ne voit plus devant lui que des amis associés à ses joies si vives et si pures.

Sans doute, l'enfant qui joue ne songe pas, dans ses rapports avec ses compagnons de jeux, à étudier tous ses mouvements et à disputer d'élégance avec les habitués des réunions mondaines, non, mais il s'initie, dans les jeux collectifs, à la vraie politesse courante, mélange heureux d'aisance sans effronterie, de bienveillance sans obséquiosité, d'égards sans flatterie et d'indulgence sans faiblesse. Il n'est pas obligé, pendant ces exercices, comme dans le monde, à jouer parfois le petit personnage, à répéter en marmottant, timide et honteux, des formules dont il ne comprend ni le sens ni l'opportunité: d'ailleurs, que lui faut-il et que nous faut-il? « la vraie politesse, la vraie douceur et la vie prise à plein et dans sa vérité. » (E. Renan, *L'avenir de la science*, p. 465.)

CHAPITRE VII

Les émotions.

Les jeux peuvent être ainsi classés :

1° Les jeux de hasard ;

2° Les jeux d'intelligence et de hasard ;

3° Les jeux d'intelligence ;

4° Les jeux d'intelligence, de force, d'adresse et d'agilité.

Tous les jeux mettent vivement en action la sensibilité, mais tandis que les uns l'exaspèrent et la pervertissent, les autres la stimulent et la disciplinent. Il n'est donc pas indifférent de mettre en lumière l'influence funeste ou salutaire de ces exercices sur une faculté aussi importante que la sensibilité, et de déterminer ainsi les jeux dont il faut donner le goût le plus vif à l'enfant et à l'adulte, c'est-à-dire à l'homme lui-même.

L'objet de ce chapitre est nettement défini : il n'est ici question que de la nature et de la vivacité des émotions que font naître les divers jeux dans l'âme des joueurs.

*
* *

Dans les jeux de hasard, comme la roulette et le baccara, le succès ne dépend que de la chance ou d'un ensemble de faits et de circonstances qui échappent à nos calculs et à nos prévisions ; l'activité physique et l'intelligence n'y ont qu'un rôle à peu près nul.

Aussi, un effet singulier des jeux de hasard est de faire naître et d'entretenir chez les joueurs les plus sceptiques une tendance accentuée à la superstition ; ils sont enclins avec le temps à faire d'une multitude de causes inconnues une cause unique, supérieure, mystérieuse, la fortune, qui est censée les favoriser ou les poursuivre.

Leur imagination surexcitée leur représente cette puissance invisible se plaisant dans l'imprévu et l'accident, secondant les uns jusqu'à les excéder de ses faveurs, et s'acharnant contre les autres avec une persistance incompréhensible et parfois révoltante, car les joueurs les plus heureux ne sont pas toujours les plus aptes à se conduire et à se gouverner.

D'ailleurs, les pertes successives jettent bientôt les joueurs les plus avisés et les plus énergiques dans un trouble si profond, qu'ils perdent le sang-froid indispensable dans les moments de crise et s'abandonnent à la merci des événements.

Que leur physionomie à peine contractée puisse donner le change à des observateurs superficiels sur la violence de leurs émotions réelles, je n'en disconviens pas; mais rien n'est moins démontré que cette indifférence stoïque attribuée avec une sorte d'admiration malsaine aux « héros » de la roulette et du baccara. Sous le masque de l'impassibilité, ces joueurs cachent de véritables tempêtes, et ils souffrent d'autant plus de l'injustice du sort qu'ils se croient obligés, en vertu de je ne sais quel honneur, de se composer, en public du moins, au prix d'efforts inouïs.

Ces jeux captivent d'abord par l'émotion « inséparable de l'attente, de l'espoir réalisé, déçu et ressuscité », et par la succession rapide d'événements imprévus, mais l'appât du gain et l'attrait de l'or qui s'accumule avec une prestigieuse rapidité à côté des joueurs favorisés exercent bientôt sur les âmes faibles une influence fascinatrice. Ces jeux, au lieu d'être une distraction, ne deviennent ainsi qu'une spéculation effrénée.

Les joueurs demandent alors au hasard des ressources que le travail n'accorde guère qu'à l'effort intelligent et continu; aussi ne tardent-ils pas à se déshabituer, à se dégoûter du travail fortifiant et sain, et ces jeux, en leur donnant le goût de l'oisiveté et du luxe, les plongent bientôt dans une incurable dépravation. Cet or gagné sans peine, comme si une fée l'amoncelait dans leurs mains, ils le répandent autour d'eux, pour satisfaire leurs appétits déchaînés, avec un détachement seigneurial, avec une prodigalité qui tient de la folie.

Mais la fortune est une divinité d'humeur changeante : aujourd'hui favorable à un joueur, elle peut lui être demain contraire et, si l'on en croit des personnes très autorisées à donner leur avis en l'espèce, tout joueur est à la longue victime de sa passion. On dirait qu'une sorte de justice immanente s'oppose ici à ce que la bonne fortune encourage longtemps l'oisiveté corruptrice.

Alors, pour conjurer leur ruine, des joueurs malheureux n'hésitent pas à se déshonorer sans retour : les annales du jeu abondent en exemples saisissants.

Enfin, les veilles prolongées, l'insomnie, l'engourdissement musculaire, les émotions violentes, en un mot les excès de tout genre épuisent bientôt les forces du joueur incorrigible qui, d'ordinaire, finit ses jours dans la douleur et parfois dans la détresse et dans l'avilissement.

* * *

Les jeux de hasard et d'intelligence, tels que la plupart des jeux de cartes, obligent du moins l'esprit à calculer et à prévoir, d'après certaines données rigoureuses, c'est-à-dire à agir normalement. Le hasard joue ici un rôle moins important et moins décisif que dans les jeux précédents, quoique l'issue d'une partie puisse dépendre exclusivement de la distribution des cartes, mais l'habileté du joueur est presque toujours la condition du succès.

Or, pour être habile, un joueur ne doit pas seulement avoir la connaissance approfondie des règles du jeu, il doit encore posséder certaines qualités d'esprit et de caractère qui ont leur importance dans la vie : un profond esprit d'observation, une réelle puissance de divination, une mémoire fidèle et prompte, une grande aptitude à comparer, à combiner, à raisonner vite et juste, et un sang-froid inaltérable. Cette dernière qualité est très appréciée par les joueurs exercés, car les moindres contractions de la physionomie, les hésitations ou même l'impassibilité apparente et forcée sont des effets dont les adversaires habiles devinent les causes et des indications directrices dont ils savent tirer parti.

Mais ces jeux pervertissent à la longue la sensibilité. Les joueurs malheureux perdent de plus en plus le gouvernement d'eux-mêmes et se laissent dominer par le dépit et la passion. Ils maugréent contre la mauvaise fortune qui rend vaines leurs combinaisons, et ils souffrent des succès de leurs adversaires dont la physionomie satisfaite avive encore la violence de leurs émotions.

Aigris par l'insuccès, mus par le désir du

gain, de plus en plus âpre, ces joueurs peuvent s'oublier jusqu'à user de procédés interdits et c'est ainsi qu'ils font les premiers pas vers la friponnerie et le vol.

> Souvent, quoique l'esprit, quoique le cœur soit bon,
> On commence par être dupe,
> On finit par être fripon.

Cette tendance funeste s'invétère en eux par l'habitude, et bientôt ils tromperont sans sourciller leurs amis les plus intimes, même lorsque l'absence d'enjeux enlève à la partie les troublantes tentations du lucre.

Aussi bien, des joueurs honnêtes s'exaspèrent sans que le désir du gain les excite à la fraude : j'ai connu des personnes d'un naturel placide et bon, dans les circonstances ordinaires, qui devenaient nerveuses, difficiles et irritables, les cartes en main, quoique incapables de la plus légère improbité, et cependant elles n'avaient pour adversaires que des amis et l'issue de la partie ne donnait lieu qu'à un simple départ de points.

Croit-on que ce dépit momentané, cette irritation d'un instant, ces émotions si courtes mais si vives ne laissaient dans leur âme que des traces fugitives et n'avaient point sur leur naturel une action perturbatrice plus ou moins prolongée? On est autorisé à penser que cette altération passagère mais profonde de leur sensibilité avait un retentissement durable dans tout leur être moral et qu'elle pouvait disposer ces personnes jusqu'alors si paisibles à l'impatience et même à l'emportement.

Enfin, ces jeux ne profitent en rien au corps; ils encouragent, au contraire, l'engourdissement physique et l'humeur sédentaire. Il est probable que la passion des cartes, l'une des causes principales du discrédit des exercices corporels dans notre pays, n'est pas étrangère à l'extension de l'alcoolisme. Le café est d'ordinaire le lieu de rendez-vous des joueurs : là, ils jouissent d'une certaine liberté d'allures et d'un confort, il est vrai, très relatif; là surtout, ils trouvent les stimulants les plus variés sous la forme de mixtures alcooliques.

Que des hommes adonnés aux pénibles travaux des champs ou de l'atelier se réunissent parfois le soir, pour jouer aux cartes, pour se reposer ainsi de leurs fatigues physiques et récréer leur esprit, nul ne songe à les blâmer, mais que ceux qui sont assujettis à une vie sédentaire et arc-boutés durant le jour contre un bureau ne trouvent rien de mieux que de s'immobiliser chaque soir en face d'une table de jeu et de se congestionner à faire des calculs et des combinaisons, voilà une façon de vivre en contradiction formelle avec les principes essentiels de l'hygiène et avec les suggestions de l'intérêt bien entendu. Et cependant le nombre est déjà grand de ceux qui emploient leurs loisirs à s'étioler ainsi dans l'atmosphère viciée des cafés urbains, et il serait encore plus grand si la modicité des ressources n'imposait à bon nombre de citadins des promenades économiques.

*
* *

Les jeux d'intelligence mettent en valeur les qualités de l'esprit et du caractère. Ici, rien ne dépend du hasard et tout est soumis à la réflexion et au calcul. Le jeu d'échecs en est le type. Ce jeu, inventé, disent les uns, par Palamède sous les murs de Troie, par les Orientaux, disent les autres, est une récréation et en même temps un exercice intellectuel des plus profitables. B. Franklin a saisi et exprimé avec une grande finesse les rapports de ce jeu avec

le développement de l'esprit et l'éducation du
aractère; m'appuyant de son autorité, je reproluis textuellement les extraits les plus intéres-
·ants des pages ingénieuses que Franklin a
·onsacrées à cette étude et qu'il a intitulées
Iorale des *échecs* :

« Le jeu d'échecs n'est pas un simple passe-
emps; en y jouant, on peut acquérir ou forti-
ïer plusieurs qualités utiles dans le cours de la
·ie et s'en faire des habitudes bonnes en toute
ccasion; car la vie est une partie d'échecs
ans laquelle nous avons souvent des points à
·agner, des compétiteurs ou des adversaires à
ombattre, avec une grande variété de bonnes
t de mauvaises chances qui sont, en partie,
effet de l'étourderie. En jouant aux échecs,
ous pouvons acquérir :

« 1° La prévoyance, car le joueur se dit à tout
ıstant : « Si je remue cette pièce, quel sera
avantage de ma nouvelle position? Quel parti
on adversaire en tirera-t-il contre moi? De
uelle autre pièce pourrai-je me servir pour
utenir la première et me garantir des atta-
ıes qu'on me fera? »

« 2° Le coup d'œil, qui embrasse tout l'échi-
ıier du théâtre de l'action; qui voit le rapport

des différentes pièces entre elles, leur position, le danger auquel elles sont exposées, la possibilité qu'elles ont de s'aider mutuellement, la probabilité de tel ou tel mouvement de l'adversaire pour attaquer telle ou telle autre pièce, les différents moyens qu'on a d'éviter ses coups ou de les tourner contre lui;

« 3° La prudence, qui nous garde de tout mouvement précipité;

« 4° Enfin, par le jeu des échecs, nous apprenons à ne pas nous décourager par le mauvais état où nos affaires semblent être quelquefois; nous prenons l'habitude d'espérer un changement favorable et celle de persévérer à chercher des ressources. » (B. Franklin, *Essais de morale et d'économie politique*, traduction de M. E. Laboulaye, 4e édition, p. 166, édit. Hachette.)

⁂

En résumé, les jeux où le hasard a une part quelconque n'offrent bien vite d'autre intérêt que celui du gain et ne procurent aux joueurs que des émotions malsaines.

Les jeux d'intelligence ont au moins l'avantage d'obliger les joueurs à ne compter que sur eux-mêmes, sur leur aptitude à combiner, à calculer et à prévoir. Or, plus l'intelligence a de part au jeu, plus l'amour-propre y trouve lui-même d'intérêt et « moins l'appât du gain y est nécessaire pour que la passion en reçoive son aliment. »

Toutefois, l'homme et surtout l'adulte ne sauraient trouver dans ces jeux le plaisir intégral. Ce plaisir naît du déploiement normal de notre activité tout entière.

Or, la plupart des jeux de cartes et le jeu l'échecs n'exigent que des efforts intellectuels plus ou moins intenses, et c'est parce que le jeu l'échecs met vivement en œuvre l'intelligence ans laisser au hasard la moindre part qu'il mérite surtout d'être encouragé. Le plaisir qui uit ici le succès est, en effet, normal et sain, puisque le succès ne dépend que du travail de l'esprit.

Mais l'activité intellectuelle n'est qu'une des ormes de l'activité humaine ; le déploiement de activité physique est aussi la source de plaiirs qui ont leur utilité et leur charme.

Donc, les exercices qui mettent en action organisme tout entier en même temps que les acultés morales doivent être la distraction favorite de l'homme bien équilibré : il goûtera, dans le déploiement réglé de toutes les formes de son activité, le vrai plaisir, c'est-à-dire le plaisir normal et complet.

Les jeux collectifs de plein air répondent à ces conditions. Ils exigent les efforts musculaires les plus variés sans excéder les forces du sujet, car « les avertissements de la douleur sont ici sans réplique, brefs, saisissants et catégoriques » ; ils mettent vivement en œuvre l'intelligence et favorisent le développement régulier des inclinations enfantines, comme je l'ai montré dans les précédents chapitres. Ce sont les jeux dont les éducateurs et les parents doivent donner le goût le plus vif à l'enfance et à la jeunesse, dans l'intérêt suprême de notre race.

Ces jeux ont, en outre, l'avantage inappréciable « d'écarter et de discréditer les passe-temps ordinaires, les jeux vicieux, inutiles ou dangereux, et de montrer aux jeunes gens qu'ils peuvent s'en passer. »

Qu'on annexe à tous nos établissements d'éducation des champs de jeux, qu'on réserve dans chaque village et dans chaque ville un emplacement étendu pour les jeux athlétiques, et le goût de ces exercices se répandra peu à peu dans les masses, car si on ne joue pas, dans notre pays, à la balle ou à la paume, c'est en grande partie parce que l'emplacement fait défaut même dans les plus grandes villes, tandis que les estaminets et les tripots pullulent même dans des hameaux perdus.

CHAPITRE VIII

La volonté et le patriotisme.

Vouloir, c'est se déterminer à agir après réflexion. Moralement, la détermination est la partie essentielle de l'acte volontaire; toutefois, dans la vie pratique, la manifestation effective de la volonté est d'une extrême importance.

Si l'énergie de cette faculté ne se décèle pas au dehors par des actes, la volonté peut n'être qu'une force à peu près inutile, ne produisant même pas sur des volontés chancelantes l'heureuse influence de la contagion. L'effort musculaire est, en effet, sous des formes très variées, un instrument du progrès, et, tandis que les intentions les plus formelles d'un homme résolu ne provoquent souvent en nous que de purs mouvements d'âme, les actes virilement exécutés nous entraînent toujours à l'action. Qu'un homme accomplisse, en présence d'un enfant, des actes qui témoignent de sa force de corps et son exemple sera plus réconfortant pour son jeune admirateur que les manifestations stériles de la volonté même très ferme d'un homme physiquement déshérité.

On peut objecter qu'il n'est pas toujours nécessaire d'être privilégié sous le rapport de la vigueur du corps pour faire preuve d'une volonté forte et que l'énergie de cette faculté se manifeste parfois avec une étrange puissance chez l'homme de cabinet, chez le savant, quoiqu'ils ne se distinguent pas en général par la vigueur de leurs muscles; nul n'y contredit, cependant l'effort intellectuel prolongé n'est déjà possible que si le corps est sain, et cet effort n'est fécond au plus haut degré que lorsque la santé de l'agent est vraiment florissante. Sans doute, la puissance musculaire — entretenue et développée par l'exercice — n'est pas nécessairement le signe d'une santé non ébranlée, mais il n'en est pas moins vrai que l'exercice physique réglé et gradué est un moyen efficace de combattre maintes affections de nos jours très communes, de rétablir, dans une certaine mesure, des santés chancelantes et d'affermir enfin la santé des sujets d'ailleurs bien portants.

Je reconnais, en outre, qu'une constitution robuste peut être unie à une extrême faiblesse de caractère; toutefois, la force physique permet déjà même à des hommes très mous d'accomplir sans effort et sans danger des actes utiles et parfois des actions d'éclat, tandis que, dans les mêmes conditions, des hommes énergiques mais d'une complexion délicate ne tarderaient pas à défaillir, impuissants et inutiles. « J'apperçoy souvent en ma leçon, a dit Montaigne, qu'en leurs escrits mes maistres font valoir pour magnanimité et force de courage des exemples qui tiennent volontiers plus de l'espessissure de la peau et durté des os. »

Même la haute énergie morale de ces hommes que la faiblesse de leurs membres ou de leur santé contraint à l'inaction dans ces moments de lutte, n'est alors pour eux qu'une cause d'exaspération et d'abattement; seules, les âmes égoïstes ne connaissent pas ces tortures de l'impuissance musculaire.

Aussi bien, la faiblesse physique contribue à déprimer à la longue l'énergie naturelle du caractère : tel, doué d'une volonté originellement forte, mollit peu à peu, s'il constate, à plusieurs reprises, que son énergie ne lui sert de rien au moment de l'action.

Les actes répétés peuvent, par contre, faire naître chez l'homme vigoureux et mou des sentiments très vifs correspondant à chacun d'eux et qui étaient dans son âme à l'état de prédisposition inconsciente, et donner ainsi, par une sorte de choc en retour, à sa volonté engourdie, son stimulant normal, la sensibilité.

A tout considérer, la volonté dépend, dans une certaine mesure, de l'état du corps, et un tempérament bien équilibré est favorable au développement de cette faculté.

Il convient donc de raidir les muscles de l'enfant pour lui raidir l'âme, suivant le conseil de Montaigne, qui savait combien « ahannoit » la sienne en compagnie d'un corps si tendre, si sensible, qui se laissait volontiers aller sur elle.

D'ailleurs, quelles que soient la force ou l'agilité naturelles du sujet, sa volonté est toujours en jeu au moment de l'action : ici, dit Blackie, « l'esprit est la force motrice ». Ainsi, que des gymnastes évoluent avec plus ou moins de vivacité autour de la barre fixe ou manient des poids avec aisance ou avec effort, ce qu'ils font exige de leur part un certain déploiement d'énergie morale, et souvent la précision et la rapidité de leurs mouvements dépendent plutôt de la force de leur volonté que de la vigueur de leurs membres.

Agir physiquement, c'est donc mettre en œuvre la volonté, c'est lui donner l'occasion de se manifester, de s'exercer et, par conséquent, de se fortifier.

*
* *

La gymnastique devient ainsi un moyen indirect d'éducation de cette faculté, qu'elle affermit encore en obligeant l'enfant à réfléchir, à se maîtriser et à ne pas craindre l'effort et la douleur.

D'abord, tout exercice du corps soumis à des règles déterminées implique la réflexion, or la réflexion est en partie un acte de la volonté. Le gymnaste réfléchit, car il doit observer les principes régulateurs des mouvements, ménager habilement ses forces pour leur faire produire à point nommé le maximum d'effet et surtout éviter des accidents dont il pourrait être la cause ou la victime s'il était distrait ou étourdi. « L'enfant ne saurait s'abandonner à la distraction pendant certains exercices gymnastiques, a dit Niemeyer, sans se mettre en danger; mais c'est précisément le danger qui lui enseigne à se concentrer en lui-même et à prendre une attitude ferme. Quelle différence entre les enfants qu'on mène toujours à la lisière et qu'on effraie sans cesse en leur représentant les dangers auxquels les expose chaque emploi tant soit peu hardi de leurs forces et ceux qui, ayant dès les premières années fortifié leurs membres par toute espèce de mouvements, savent éviter le péril ou n'ont pas à le redouter. »

Par exemple, le nageur le plus robuste et le plus souple s'exposerait à de graves accidents s'il était distrait ou effrayé en franchissant un abîme. Il est vrai que la natation est un des exercices les plus propres à affermir le caractère : l'habitude de se trouver en présence de périls bientôt recherchés et de les braver comme en se jouant inspire aux nageurs ce courage stoïque dont tant de sauveteurs ont donné des preuves. Un homme qui sait nager, qui a lutté contre la violence des courants et plongé dans les gouffres, sera toujours entraîné à se dévouer par une sorte d'instinct acquis d'une inconcevable puissance, le désir de se mesurer avec le danger et de lui arracher une victime. La lutte et surtout le succès ont ici des attraits irrésistibles pour le nageur robuste et exercé.

Dans les jeux collectifs, l'obligation stricte de se contenir, d'observer une certaine mesure dans ses paroles et dans ses gestes, d'être toujours correct en un mot, habitue peu à peu l'enfant à se maîtriser et à faire ce qu'il croit utile à sa cause sans entreprendre sur les droits de ses camarades. Il acquiert ainsi la force d'âme nécessaire pour respecter même les droits de ses adversaires, sans jamais pousser la complaisance à leur endroit jusqu'à la faiblesse, car il est, à son tour, obligé de défendre ses intérêts qui sont ceux de ses alliés.

Cette tempérance dans les sentiments et cette énergie dans la défense d'intérêts légitimes ne sont, sous des formes différentes, que des manifestations de la volonté.

En outre, les exercices athlétiques donnent à l'enfant le goût de l'effort.

L'effort réglé ne plaît guère aux jeunes écoliers. L'idéal consiste donc à stimuler leur volonté par l'attrait des actes eux-mêmes; les jeux de plein air surtout ont cette puissance de séduction. Comme l'effort intellectuel s'ajoute ici à l'effort musculaire, l'enfant observe et réfléchit même lorsqu'il est physiquement inactif, de telle sorte que sa volonté sollicitée, dans ces jeux, d'une manière à peu près continue y manifeste son énergie par le travail incessant du corps ou de l'esprit.

Ces exercices offrent d'ailleurs l'avantage de pouvoir être gradués suivant les capacités des joueurs. Les enfants les plus faibles et les plus maladroits y trouvent, comme les plus forts et les plus habiles, des distractions de plus en plus captivantes parce que leurs efforts n'y sont jamais stériles et que le succès, si peu accusé soit-il, leur inspire l'énergie nécessaire pour tenter des efforts plus pénibles encore.

D'autres causes agissent sur la volonté des joueurs : l'imitation, la première éducatrice de la volonté, les pousse à l'action, et l'émulation, dont j'ai signalé les bons effets dans un chapitre précédent, est, dans les jeux, l'un des ressorts les plus puissants de l'activité enfantine.

Lorsque les enfants auront acquis un certain degré de souplesse et de force, ils seront initiés aux exercices plus difficiles et plus dangereux de la gymnastique avec appareils. C'est ici que l'effort se présente sous les formes les plus pénibles, quoique proportionné en général à la vigueur du sujet.

Que de fois il faudra s'essayer au trapèze, s'accrocher à la corde lisse ou manier des haltères pour réaliser des mouvements prévus ou produire des effets déterminés! Que de tentatives vaines et surtout quelle irritante déception lorsque le jeune athlète haletant et lassé constatera l'inefficacité d'efforts violents et réitérés! Mais l'enfant apprend aussi à ne jamais désespérer de ses forces. N'a-t-il pas triomphé déjà, par sa persévérance, de difficultés inhérentes à des exercices qui tout d'abord l'avaient rebuté? N'a-t-il pas vu des camarades, dont il peut être l'émule, accomplir sous ses yeux ce qui lui paraît en ce moment excéder ses facultés? Sous l'influence du chagrin de ces échecs et d'une émulation intense, ses forces accrues déjà par l'exercice se tendent avec plus d'énergie vers le but poursuivi et l'enfant compte bientôt un succès de plus.

Le gymnaste s'habitue ainsi à connaître la douleur : non seulement il souffre de ses échecs sans faiblir, mais il endure encore, sans se plaindre, les fatigues et même la souffrance physique. Si, dans ses débuts, il est parfois hésitant et craintif, l'exemple de ses camarades et son point d'honneur le préservent de défaillances prolongées, et il ne tarde pas à dédaigner des maux qui, dans le calme de la vie ordinaire, le feraient tressaillir peut-être de frayeur ou de crainte.

D'ailleurs, la liberté dont il jouit, surtout dans les jeux, le dédommage des incommodités auxquelles il s'expose : « Je vois, a dit J.-J. Rousseau, de petits polissons jouer sur la neige, violets, transis, et pouvant à peine remuer leurs doigts. Il ne tient qu'à eux de s'aller chauffer, ils n'en font rien ; si on les y forçait, ils sentiraient cent fois plus les rigueurs de la contrainte qu'ils ne sentent celles du froid. »

Enfin, l'enfant constate avec un sentiment de joie mêlé de fierté que, par l'exercice, sa puissance d'agir grandit de jour en jour. Se sentant de plus en plus capable d'être cause, il aime l'action; les actes qu'il préfère accomplir sont ceux qui témoignent de sa vigueur et de son agilité en même temps que de la générosité de ses sentiments et qui provoquent l'admiration de la foule; vigoureux et hardi, il sent poindre en lui de nobles ambitions; que les circonstances le favorisent et il peut devenir un héros.

C'est ainsi que le sentiment de sa force accentue dans l'enfant le sentiment de sa personnalité et que les exercices athlétiques, qui semblent n'être pour des observateurs superficiels que des moyens de développer et de fortifier le corps, ont le plus heureux retentissement jusque dans le tréfonds de l'âme humaine.

*
* *

L'exercice physique est donc intimement lié à l'éducation patriotique.

Le patriotisme est d'abord un sentiment, mais le patriotisme purement sentimental est à peu près inutile dans les moments de haute crise; il peut même s'éteindre peu à peu ou dégénérer en dilettantisme, dans le calme et la sécurité d'une vie oisive.

Le patriote vraiment utile préfère l'action virile à des émotions paresseuses; chez lui, l'inclination grandit surtout en face du danger, et l'acte suit de près le sentiment avivé par le péril.

Les déclamations pompeuses des fanfarons du patriotisme le laissent indifférent. Les exhortations des patriotes condamnés à l'inaction par leur débilité corporelle provoquent sa pitié; leur impuissance l'émeut et leur parole manque, pour lui, de souffle et d'autorité.

Rien ne poigne, en effet, les vaillants et les forts comme de voir des faibles à l'heure du danger, au moment où le péril national oblige le pays à mettre en œuvre toutes ses forces vives. C'est alors surtout que le spectacle de la puissance se déployant de toutes parts est nécessaire pour donner plus de cœur même aux plus braves et que la vue des déshérités de la nature est particulièrement douloureuse. Qu'attendre d'eux à ces heures suprêmes! A quoi bon leur donner des armes puisqu'elles tomberaient de leurs mains paralysées par la faiblesse et bientôt par la crainte! Plus que jamais on reconnaît alors la haute importance des exercices qui fortifient le corps et la volonté, et on maudit la légèreté d'esprit et l'insouciance criminelle de tout homme qui, en temps de paix, s'affaiblit dans les douceurs amollissantes de l'engourdissement musculaire.

De nos jours, où la lutte des nations est si

âpre et si effroyable, il nous faut des hommes d'action, vigoureux, hardis, maîtres de leurs émotions, et ceux qui voudront exercer sur les masses une influence irrésistible dans les moments décisifs devront payer de leur personne.

Or, ce n'est pas en un jour qu'on met en valeur toutes les forces d'un pays; en particulier, les aptitudes physiques et morales du soldat ne s'acquièrent qu'à la longue.

La vigueur, la résistance à la fatigue et l'intrépidité ne sont pas d'ailleurs toutes les qualités d'un soldat exercé; l'habileté au tir, d'une importance inappréciable, exige une longue et persévérante éducation.

Cela prouve que l'éducation du soldat doit commencer à l'école et que la vie scolaire doit être la préparation à la vie de la caserne.

Il serait absurde, je le sais, d'initier les jeunes écoliers aux manœuvres militaires proprement dites. Il convient seulement de les fortifier, de les endurcir par l'exercice et de développer leur adresse au tir, l'éducation du corps alternant, dans de sages proportions, avec l'éducation spéciale de l'intelligence et du cœur.

Je voudrais que l'enfant, au sortir de l'école, continuât son éducation ainsi commencée et qu'il fût admis à cet effet dans des sociétés de gymnastique et de tir instituées sur toute l'étendue du territoire.

En temps de paix, la jeunesse française développerait ses aptitudes physiques dans les champs d'exercices exclusivement affectés aux jeux athlétiques dans toutes les communes. A certains jours de l'année, elle accourrait en foule à des fêtes organisées dans les grands centres pour exciter et entretenir son émulation, et les Français adultes y seraient conviés à rivaliser de vigueur, d'adresse et d'agilité en présence des hommes les plus notables de chaque région qui se seraient distingués eux-mêmes dans les tournois d'antan.

Les Grecs, les plus intelligents des hommes, ne se contentaient pas de décerner des couronnes aux poètes et aux historiens ; ils savaient encore rendre de grands honneurs aux héros de l'agilité et de la vigueur. « C'est qu'ils avaient le sentiment profond de ce que pouvaient ces fêtes du courage, pour la grandeur et le salut de la patrie. Ce n'étaient pas les individus qu'ils glorifiaient avec tant d'enthousiasme, c'étaient les mâles vertus, le sang-froid, la force, l'énergie, la persévérance, sauvegardes de leur race et principes de leur supériorité. » (Ed. Manœuvrier, *L'éducation de la bourgeoisie*, p. 308.)

Quel spectacle fortifiant et plein de promesses pour l'avenir que ces jeunes gens agiles et musculeux, aux formes gracieuses et puissantes, aux visages mâles et colorés par une vie intense! Sur leurs figures énergiques on lirait du premier regard l'amour de la règle et le sentiment de leur dignité, la confiance en eux-mêmes et le calme de la force, l'accoutumance à la fatigue et au danger, l'habitude de braver le péril sans ostentation et sans orgueil, et, comme le saint de la légende qui baisait les plaies, dans l'ardeur de sa foi mystique, on voudrait embrasser, dans les transports d'un enthousiasme profondément humain, ces jeunes athlètes couverts de poussière et ruisselants de sueur.

C'est ainsi que les jeunes Français se préparaient au dur métier des armes. « Qu'au temps de la sécurité, écrit Sénèque à son ami Lucilius, l'âme se prépare aux crises difficiles; qu'elle s'aguerrisse aux injures du sort au milieu même de ses faveurs. En pleine paix, sans ennemis devant soi, le soldat prend la course, fiche des palissades, et se fatigue de travaux superflus pour suffire un jour au nécessaire. Celui que tu ne veux pas voir trembler au moment de l'action, exerce-le avant l'ac-ion. »

Il faut savoir d'ailleurs que la perspective les fatigues d'une campagne paralyse plus ouvent l'énergie du soldat que la crainte de la nort sur le champ de bataille. Ces fatigues ont inévitables et de longue durée; la mort en ace de l'ennemi est toujours problématique. 'est à froid que le soldat doit endurer les pri-'ations et les souffrances résultant des longues narches, du manque de repos et parfois de la aim, tandis que, dans la mêlée, grisé par la utte, il ne songe guère au danger, et s'il est lessé, c'est, dans l'excitation du combat, les rmes à la main, après avoir porté lui-même l'ennemi des coups terribles et répétés. Il faut, n un mot, plus de courage stoïque, plus de roide résignation et plus de vigueur pour supporter vaillamment les fatigues et les privations n campagne que pour ne pas céder à la faiblesse physique ou à la peur devant l'ennemi.

Qu'on se figure enfin une armée composée de soldats robustes, agiles et entraînés : en temps de guerre, cette armée ne comptant ni des traînards ni des non-valeurs, mobilisable au gré de ses chefs, serait capable de se transporter, par des marches longues et rapides, tantôt sur un point, tantôt sur un autre, harassant l'ennemi par des feintes subites, des démonstrations impétueuses et des attaques imprévues; au moment de l'action, ces soldats vigoureux et toujours dispos seraient redoutables et rien ne résisterait à la violence et à la durée de leur choc.

Donc, en augmentant la résistance du corps à la fatigue et en trempant le caractère, la gymnastique et les jeux développent chez la jeunesse les vraies qualités guerrières. Puisse la pédagogie française s'inspirer toujours de cette vérité et surtout lui faire produire, dans la pratique, des effets durables et féconds! Puisse-t-elle démentir à jamais cette affirmation peu rassurante de l'un des plus fervents adeptes de la renaissance musculaire : « S'il ne s'agit que de poser les principes de l'éducation physique, c'est un chœur général d'applaudissements; si vous parlez de passer à l'application, tout le monde secoue les épaules et retourne à ses affaires. Ce n'est pas la philosophie, c'est la routine qui est notre maîtresse. » (*La réforme de l'enseignement secondaire*, 2e partie, Introduction, par M. JULES SIMON.)

CHAPITRE IX

L'humeur et la moralité.

S'il faut en croire des écrivains contemporains, cette fin de siècle est caractérisée par une tendance très accentuée d'une partie de la jeunesse à l'alanguissement, au dégoût de l'action, à l'ennui et même au pessimisme. On doit faire une bonne part à l'exagération dans ce concert de plaintes; il n'est pas nécessaire d'avoir longtemps fréquenté dans les cénacles littéraires pour savoir que les désespoirs et les larmes des poètes et des romanciers n'ont souvent rien de fondé et qu'il serait naïf de s'émouvoir outre mesure, sur la foi de leurs éloquentes lamentations.

Est-ce à dire cependant que le mal signalé n'existe pas? Ce serait nier l'évidence même; il n'est pas si grand qu'on veut bien le dire, mais il existe et surtout dans les classes les plus aisées et les plus instruites.

Il n'y aurait pas lieu de s'alarmer s'il ne sévissait que parmi les contemplatifs d'âge mûr déçus dans leurs espérances, qui n'aspireraient plus qu'aux jouissances du vide et à la quiétude languissante du Nirvâna, mais il s'insinue et fait des ravages parmi les jeunes qui, par l'âge d'abord, devraient être enclins à l'action, à la gaîté et à l'optimisme.

*
* *

Ces dernières victimes du « spleen » contemporain peuvent se ranger en deux grandes catégories : dans la première, on trouve des jeunes gens d'une complexion délicate ou ruinée par des excès, qu'un indéfinissable dégoût de toutes choses envahit au seuil de l'existence; à la seconde catégorie appartiennent des jeunes gens d'une constitution même vigoureuse, mais élevés dans la mollesse et répugnant au déploiement quelque peu énergique de leur activité physique.

Quelques-uns s'ingénient, parmi ces derniers,

à se donner les apparences graves et sombres d'hommes blasés par les luttes d'une existence accidentée; les mobiles qui les stimulent sont un amour singulier de la pose et le dédain de la gaîté incompatible, à leurs yeux, avec le bon ton, avec la distinction des gens de race.

Il faut reconnaître qu'il existe des mots dans notre vocabulaire changeant, dont la couleur est modifiée avec le temps par des idées accessoires qui s'ajoutent au sens primitif : le mot gaîté est un de ceux-là. Je ne désespère pas de voir le jour où la gaîté, quoique tempérée par la délicatesse du sentiment et la finesse du bon sens, sera considérée, même par la foule, comme une preuve de la légèreté du caractère et d'une éducation négligée, où la gravité morose et chagrine deviendra, par contre, la marque des qualités sérieuses, du talent et même du génie. Cependant la bonne humeur est l'état d'esprit qui convient à merveille à l'éclosion et au développement de tous les sentiments généreux : « Il n'y a rien de bon dans l'âme dont la sérénité ne favorise le développement », a dit un écrivain.

Que le gros rire qui éclate à tout instant, assourdissant et prolongé, décèle un grand fonds de sottise, je n'y contredis point, mais « le rire des honnêtes gens, comme on disait au XVIIe siècle, est légitime et sain... et le rire de Rabelais et de Molière est peut-être la plus haute expression de notre génie national. » (LUDOVIC CARRAU, *De l'éducation*, *Précis de morale pratique*, p. 292.)

Élément héréditaire et essentiel du caractère français, la bonne humeur s'impose à nous; ce serait tendre à la suppression d'un des instincts les plus puissants et les plus heureux de notre race que de céder à la mélancolie ou au pessimisme.

Les causes de cette perturbation morale sont nombreuses et l'étude des influences diverses qui contribuent à la décadence des caractères est complexe et difficile; je ne puis insister ici que sur les effets pernicieux de la sédentarité et de la paresse physique sur le tempérament moral.

Les jeunes gens tristes dont j'ai parlé plus haut ne sont en grande partie que des victimes de l'engourdissement et de la faiblesse musculaires. Il est notoire, en effet, que l'exercice physique approprié à la constitution du sujet ortifie et développe les muscles, atténue et peut faire disparaître des difformités même congénitales. La plasticité des muscles, surtout chez l'enfant, est comparable à celle de la terre glaise; elle est telle qu'il est possible de modifier leur consistance, leur énergie et leur forme par des efforts persévérants et convenablement gradués, et d'opérer ainsi à la longue, dans telle ou telle partie du corps, les plus étonnantes métamorphoses.

Si les muscles en saillie des athlètes et leurs formes puissantes démontrent l'excellence des résultats de l'exercice physique, pourquoi les enfants de complexion délicate soumis à un entraînement régulier ne deviendraient-ils pas, dans de certaines proportions, agiles et vigoureux? Cette éducation ne leur donnerait ni l'agilité des clowns, ni la vigueur des athlètes — car il faut tenir compte des aptitudes naturelles, — mais le résultat désiré serait atteint s'ils devenaient capables de supporter sans souffrir et sans faiblir les fatigues inévitables de l'existence.

Les exemples de ce genre sont nombreux; je connais des parents instruits par l'expérience, qui n'ont pas hésité à recourir aux bons soins d'un professeur de gymnastique pour leurs enfants débiles.

Je n'ai d'ailleurs nullement besoin de m'appuyer sur l'autorité d'autrui pour affirmer cette action reconstituante des exercices du corps : j'en ai moi-même fait l'épreuve. Désirant lutter à ma façon contre les progrès d'une affection nerveuse à l'état naissant, j'ai exécuté depuis six ans, chaque jour, les mouvements élémentaires de la boxe française, et j'ai constaté, en outre du bien-être général qu'ils m'ont procuré, que les muscles de mon bras gauche, privés d'une grande partie de leur souplesse et de leur force d'autrefois à la suite d'un accident, étaient redevenus fermes, volumineux et même puissants.

Si donc tous les enfants débiles et valétudinaires étaient soumis à une éducation physique appropriée à leur constitution et à leur état de santé, le nombre de ces déshérités de la nature serait réduit, et, par conséquent, le nombre de ceux pour lesquels la vie est un fléau. Comment pourraient-ils l'aimer lorsque leur santé les oblige de prendre sans cesse des précautions minutieuses contre le mal toujours menaçant et de fuir les plaisirs réconfortants et sains de l'enfance vigoureuse et enthousiaste?

Fût-il atteint d'infirmités incurables mais qui

lui permettent certains mouvements, l'enfant qui joue se métamorphose sans délai : j'ai vu des enfants perclus, d'ordinaire mélancoliques, prendre part à des jeux et recouvrer, pendant ces heures de passion et d'oubli, la gaîté exubérante de leur âge.

Si l'affaissement des forces physiques est la conséquence d'excès, l'assujettissement à un régime hygiénique des plus sévères et à des exercices corporels réguliers peut enrayer, dans beaucoup de cas, la marche du mal et procurer aux victimes des appétits déchaînés un soulagement physique et moral, mais il vaut mieux prévenir le mal que de le guérir. Sous ce rapport, je crois à l'extrême efficacité de l'exercice physique, des jeux de plein air surtout.

En effet, l'éducation consiste en grande partie à faire contracter à l'enfant de bonnes habitudes. Qu'on lui donne, dès son plus jeune âge, le goût de l'effort physique, et plus tard cette habitude presque originelle agira sur lui avec la toute-puissance d'un instinct; l'enfant devenu adulte s'adonnera, aux heures de loisir, à tous les exercices d'agilité et de vigueur propres à satisfaire son impérieux besoin d'action. Dédaigneux des plaisirs faciles, en général dangereux, il recherchera les distractions dignes de lui, la marche, la course, les sauts, les jeux de plein air, etc., les voluptés des sens ne séduisant d'ordinaire que les énervés et les faibles : « Plus le corps est faible, plus il commande; plus il est fort, plus il obéit. » (J.-J. Rousseau.)

Qu'on rende l'enfant agile et vigoureux et, à l'âge critique, il résistera sans peine au pouvoir coactif des passions brutales et il conservera dans toute leur intégrité la gaîté de son enfance et sa foi enthousiaste dans l'effort et dans l'avenir.

D'ailleurs, l'excitabilité nerveuse de l'enfant, qui se manifeste chez lui aux heures de liberté, par des mouvements dits « spontanés », doit nécessairement se dissiper : ses dérivatifs sont ou le libre déploiement de l'activité musculaire ou les manifestations de la sensibilité.

Je viens de démontrer l'excellence des effets moraux d'une mâle éducation physique; les conséquences d'une éducation molle et compressive sont tout aussi évidentes.

Inactif, l'enfant devient vicieux. Il se complaît bientôt dans la solitude et dans un silence mélancolique. Son indolence, son apathie, tout, jusqu'à ses membres ballants, jusqu'à son corps déjeté, prouve son dégoût de l'effort et des distractions récréatives. Son sourire n'est plus qu'un rictus, un plissement des lèvres, un triste aveu physique de son affaissement moral. Il ne pense guère, il aime encore moins : ses facultés sont engourdies et comme suspendues. Son regard, d'ordinaire éteint, s'allume par intervalles; sa colère enfiévrée est alors sur le point d'éclater, et il passe brusquement de l'indifférence inerte et morbide à l'irritation folle. Il s'exaspère sans motifs, il obéit presque à son insu, lorsqu'il ne se rebelle pas contre les ordres; il écoute, bâillant de lassitude, les avertissements et les bons conseils et il devient ombrageux, méfiant, haineux.

Cet enfant triste, dégoûté de tout et de tous, sera d'ordinaire un adulte décrépit et rongé d'ennui, ou prédisposé à des excès qui engendrent la ruine du corps et, par contre-coup, le dégoût de l'action, les émotions torturantes et parfois le dégoût de la vie.

Qu'on ne croie pas que cette peinture soit imaginaire ou forcée; j'ai eu, Dieu merci, l'occasion de faire des observations précises et multipliées dans les divers établissements où j'ai exercé l'emploi de maître d'étude, vivant au milieu des enfants et des jeunes gens, et de constater les funestes effets d'un régime de compression, de l'internat d'autrefois. Certains enfants, souvent les plus vigoureux, condamnés chaque jour à une immobilité de statue pendant des heures entières, sous les regards inquisitifs de maîtres intéressés à brider de court la tendance au mouvement de ces écoliers, étaient disposés à céder à la longue à des penchants dépravés.

Je suis persuadé que les effets de ce régime antinaturel qui, pendant près de quatre-vingts ans, a contribué à débiliter la race française, se font encore sentir et que l'internat d'autrefois n'est pas étranger à la dépression morale d'une partie de la génération d'aujourd'hui.

Les enfants et les jeunes gens vigoureusement constitués mais enclins à la paresse physique ne tardent pas à perdre, par l'inaction corporelle, de leur énergie musculaire. En pparence robustes, ils faiblissent de plus en lus au moindre effort, parce que leurs muscles nexercés mollissent et n'ont pas une force de ésistance proportionnée à leur volume.

Cet affaiblissement physique, plus ou moins

lent suivant la vigueur naturelle du sujet, entraîne une diminution progressive de l'énergie morale : le caractère s'amollit ou s'aigrit et tend à s'assombrir.

Quelques jeunes gens sont disposés, dans ces conditions, à greffer en eux des goûts d'un autre âge, surtout lorsqu'ils s'aperçoivent que la froideur, l'impassibilité ou la morgue sont les signes extérieurs d'une distinction conventionnelle recherchée par les chefs de file de la mode. Poussés par la vanité, signe de leur faiblesse de caractère, à copier ces parangons de l'élégance contemporaine, ils se dépouillent peu à peu de la simplesse et de la vivacité de leur âge. Solennels et guindés, ils ne font pas un mouvement, surtout en public, qui trahisse leurs impressions et qui permette au vulgaire de les confondre avec la foule des naïfs si prompts à manifester leurs émotions.

Mais comme les actes réagissent sur les sentiments, les efforts réalisés par ces jeunes gens pour se donner les apparences de lassitude et de gravité morose des blasés de la vie font naître en eux des sentiments mélancoliques, inséparables à la longue de cette gravité factice.

Croit-on que si ces jeunes gens avaient développé, par l'exercice, leur vigueur et leur agilité naturelles, cet accroissement de leurs aptitudes physiques n'eût pas heureusement influé sur leur humeur et sur leur caractère? Jamais un adolescent, dont le corps est souple et vigoureux, et qui éprouve chaque jour le bien-être particulier succédant à l'exercice, ne sera tenté de préférer aux bienfaits d'une activité toujours réconfortante, les douceurs insidieuses de la paresse corporelle. Même, il associera dans son esprit l'idée du repos physique à l'idée de maladie; son imagination aidant, il se croirait malade s'il était condamné à demeurer inactif pendant les heures où il se livre d'ordinaire à ses distractions favorites. Pour lui, vivre, ce n'est pas respirer, c'est agir.

Avec la pleine jouissance de ses facultés physiques, il conservera les qualités séduisantes et prime-sautières de son âge, la vivacité, la gaîté, la foi naïve et enthousiaste, l'expansion généreuse et confiante. Il ne songera même pas à se déformer au physique et au moral par l'imitation des prototypes d'une gravité d'emprunt; le voulût-il, ses muscles nerveux et sa surabondance de vie rendraient vaines ses tentatives.

En outre, le défaut d'exercice physique n'est pas étranger au développement de certaines affections, telles que les affections si nombreuses de l'estomac — « on digère autant avec les jambes qu'avec l'estomac », a dit avec raison un hygiéniste, — les douleurs nerveuses, les congestions, etc., qui engendrent en nous l'hypocondrie, compagne ordinaire de tous ces maux.

Enfin, il est à remarquer — je tiens ce renseignement d'un haut fonctionnaire appartenant au corps de santé militaire — que le nombre des obèses, même jeunes, est considérable depuis un certain nombre d'années. Leurs muscles disparaissent sous des couches profondes de tissu adipeux, au lieu de saillir sous la peau; leurs chairs molles et tremblotantes leur rendent impossible tout effort énergique ou prolongé.

De plus, l'obésité leur interdit des mouvements et des attitudes nécessaires et les prédispose à des affections plus ou moins graves : elle est ainsi une cause indirecte de mal-être et d'ennuis.

L'esthétique elle-même, à laquelle nul ne saurait rester indifférent, n'a rien de commun avec l'obésité : l'Hercule grec a des muscles énormes, mais il n'est pas replet, et l'Apollon du Belvédère n'est pas chargé d'embonpoint.

L'exercice physique, en fortifiant les muscles abdominaux, est un des préservatifs les plus puissants contre l'obésité et, par suite, contre les ennuis qui en résultent.

*
* *

D'une manière générale, la bonne humeur est le signe naturel de l'heureux équilibre de nos facultés et la preuve manifeste de l'accroissement de notre personnalité. La vie est bonne, en effet, parce qu'elle est surtout l'action incessante, la lutte continuelle en vue du progrès; le vrai bonheur est le bien senti succédant à nos efforts récompensés. Nous sommes heureux, dans la véritable acception du mot, lorsque toutes nos facultés se développent harmonieusement, grâce à notre énergie, et lorsque nous nous rapprochons le plus possible de notre fin, l'idéale perfection.

Si donc un homme intelligent, spirituel et

doué d'une volonté forte est débile ou contrefait, il pourra être enclin au dépit et même à l'aigreur : l'infériorité relative de la partie physique de son être, accentuée par la belle prestance de ceux qui l'entourent, aura pour effet de diminuer à ses yeux sa personnalité tout entière.

Que ces impressions fâcheuses effleurent à peine les âmes énergiques, peu importe, mais elles n'en exercent pas moins sur tous les caractères une influence toujours prête à se faire sentir. Cela est tellement vrai que l'on a des chances sérieuses de trouver l'humeur plus égale, plus accommodante, chez les sujets musculeux et de haute stature que chez les personnes d'une complexion délicate et de petite taille, dont la santé n'est pas cependant ébranlée par des affections douloureuses.

Fortifions donc et développons nos membres et notre corps, autant que notre constitution le permet; activons-nous à compléter, à parachever, par l'exercice, l'œuvre imparfaite de la nature, et nous serons ainsi préservés d'une foule d'ennuis et d'émotions malsaines qui nous rendent malheureux et insociables.

Mais c'est surtout l'enfant qui éprouve de la

joie à se sentir en pleine possession de sa vigueur et à pouvoir satisfaire, dans toute son intensité, son irrésistible besoin d'action. Si, à certaines heures, il n'a qu'une conscience vague de l'excellence de sa constitution, n'en éprouve-t-il pas les bienfaits à tout instant et n'en résulte-t-il pas pour lui des émotions stimulantes et un bonheur indicible?

A l'appui de mes affirmations, je ferai encore appel à des souvenirs de mon enfance, le moi ne pouvant pas être haïssable dans ces conditions.

J'ai connu plus que beaucoup d'autres les joies de l'exercice physique, dans ce coin pittoresque de la France, le Béarn, où les enfants, stimulés par leurs parents, s'adonnaient avec ardeur aux jeux athlétiques les plus variés, du moins il y a quelque trente ans.

Extrêmement souple, j'étais parvenu à réaliser sans peine des prodiges d'agilité. Nous ne songions, mes camarades et moi, à la sortie des classes, qu'à organiser sans délai des jeux dans la grande cour de récréation, pendant lesquels les bravos des passants émerveillés nous chauffaient à blanc. On eût dit bientôt un chassé-croisé d'êtres aériens : de toutes parts, on ne voyait que des enfants bondissant dans toutes les directions avec une légèreté merveilleuse.

Nous recherchions toutes les occasions de mettre à l'épreuve nos forces grandissantes et de jouir ainsi pleinement de nous-mêmes.

J'appréciai surtout les bienfaits de mon agilité dans une circonstance qui restera toujours gravée dans mon souvenir.

Par un beau soir d'été, j'organisai une partie de ballon avec le concours de quelques camarades. Le choix de l'emplacement était tout indiqué : nous jetâmes notre dévolu sur une prairie très étendue, située aux confins du village et close de tous côtés par une haie, un large canal et un mur d'une certaine hauteur. La fenaison venait d'avoir lieu. Le sol de la prairie était recouvert d'une couche élastique d'herbes renaissantes, sur laquelle le ballon bondissait à merveille. Ce ne fut pas sans hésitation que nous nous décidâmes à nous installer dans cette prairie, car elle faisait partie d'un grand domaine dont le régisseur avait une réputation de brutalité largement méritée ; à nos yeux, il n'était pas seulement brutal, il était féroce. Sa physionomie dure et vermillonnée reflétait la violence de son caractère; au demeurant, serviteur intègre de son maître et fidèle à la consigne.

L'attrait du jeu, les charmes de l'emplacement et « quelque diable aussi nous poussant » eurent raison de nos craintes.

Nous engageâmes la partie, non sans avoir aposté à l'entrée de la prairie un bambin chargé de donner l'alarme en cas d'arrivée du Cerbère redouté. Bientôt nos cris joyeux prouvèrent que nos craintes avaient disparu. Mais, ô désagréable surprise! à peine étions-nous surexcités par l'intérêt du jeu que nous entendîmes soudain retentir à nos oreilles un cri rauque, cri de colère entrecoupé de hoquets, et que le régisseur fit irruption parmi nous, le visage convulsé, les poings fermés, prêt à frapper. J'eus comme la vision rapide d'une fin imminente : acculé au canal, j'étais le plus exposé à tomber entre les mains de ce forcené, qui n'hésita pas d'ailleurs à s'élancer sur moi, pendant que mes camarades privilégiés décrivaient au-dessus de la haie des trajectoires libératrices.

En ce moment critique, j'éprouvai la folie du vertige et cette sorte d'attraction intense qu'exerce sur nous la vue d'un danger soudain. Au lieu de m'éloigner de mon ennemi que je vois encore grimaçant de rage, je me précipitai vers lui; le gauchissement rapide et instinctif de mon corps ne lui permit pas de me saisir et ses bras, lancés en avant, s'agitèrent dans le vide. Pour comble de malheur, au lieu de me diriger vers la haie, obstacle insignifiant, je m'élançai du côté du mur que je vis avec effroi se dresser devant moi presque à hauteur d'homme; sans hésiter cependant et ramassant mes forces décuplées par la peur, je le franchis d'un bond, les mains appuyées sur son couronnement, ivre de joie et d'espace.

Avant de toucher le sol, j'entrevis, à quelques pas, le régisseur immobile, ébaubi : il était Béarnais et, par suite, admirateur de l'agilité musculaire, mais je ne m'attardai pas à faire l'analyse de ses « états d'âme »; quelques instants après, je me trouvais en pleins champs, courant toujours avec rapidité. J'étais bientôt revenu parmi les miens, frémissant de saisissement et ravi de ma délivrance qui était mon œuvre.

⁂

Ces impressions d'enfance ne s'effacent jamais entièrement; elles influent avec plus ou moins d'énergie sur les dispositions morales de l'homme.

Une enfance gaie nous prédispose à tout jamais à l'humeur joyeuse, et les tristesses du premier âge ne sont pas étrangères à l'aigreur ou à la mélancolie de l'âge mûr. Ces impressions peuvent disparaître du souvenir, mais elles demeurent gravées dans les profondeurs de la conscience et, quoique vaguement conscientes, suivant l'expression consacrée, elles modifient notre humeur.

Voilà, sans conteste, des raisons sérieuses de favoriser et de développer autant que possible chez les enfants leur tendance naturelle à l'action, et de multiplier en eux, par l'exercice physique, ces impressions stimulantes et saines qui auront plus tard dans leur âme le plus salutaire retentissement.

J'ai toujours pensé que l'éducation physique des Béarnais a contribué à leur donner cette bonne humeur qui est un des traits caractéristiques de la race, et que les courses folles du « Grand Béarnais » dans les montagnes de son pays natal et les rudes exercices auxquels il se livra dès sa plus tendre enfance furent des causes persistantes de sa gaîté légendaire.

TABLE DES MATIÈRES

TITRE I

L'EXERCICE PHYSIQUE ET L'ÉDUCATION INTELLECTUELLE

TITRE II

L'EXERCICE PHYSIQUE ET L'ÉDUCATION MORALE

Coulommiers. — Imp. Paul BRODARD.

P. 3050. Magendie.

HENRI MARION

L'Éducation dans l'Université, par M. HENRI MARION, docteur ès lettres, professeur à la Faculté des lettres de Paris. 1 vol. in-18 jésus, broché. 4 »

Ouvrage honoré de souscriptions du Ministère de l'Instruction publique.

Nul n'était mieux qualifié que l'éminent maître qui professe à la Sorbonne la philosophie de l'éducation, pour formuler la théorie et présenter le tableau de l'éducation universitaire.

Après avoir rappelé à grands traits l'organisation générale de l'instruction publique, caractérisé tour à tour et dans leurs rapports entre eux les trois degrés (primaire, secondaire et supérieur) de l'enseignement, insisté spécialement sur l'enseignement secondaire, ses divisions nouvelles et son rôle social, — l'auteur considère successivement les maîtres, puis les élèves de cet enseignement. Pour chaque catégorie de maîtres, il traite du recrutement, de la préparation professionnelle et des devoirs de la fonction, à commencer par ceux qui ont trait aux relations avec le dehors.

Passant aux élèves, M. Marion fixe d'abord le but où l'on doit tendre. En montrant ce que fait aujourd'hui l'Université pour cultiver chez ses élèves, avec tous les dons physiques, l'aisance et la distinction des manières, il établit qu'il n'y a point de bonne éducation sans l'apprentissage de la responsabilité et l'initiation graduelle à la vie libre. D'où la nécessité d'une discipline virile, mettant en jeu toutes les énergies saines, et substituant à la surveillance jalouse, la confiance qui fait naître l'habitude de se gouverner soi-même.

Leçons de Psychologie appliquée à l'éducation, par M. HENRI MARION. 1 vol. in-18 jésus, broché. 4 50

Leçons de Morale, par M. HENRI MARION. 1 vol. in-18 jésus, broché. 4 »

PROFESSIONS & MÉTIERS

Guide pratique pour le choix d'une carrière, à l'usage des Familles et de la Jeunesse, publié sous la direction de M. PAUL JACQUEMART, inspecteur général de l'Enseignement technique au Ministère du Commerce et de l'Industrie.

TOME Ier. **Professions libérales.** 1 vol. in-8° de 1000 pages, broché. 10 »

— II. **Professions manuelles, industrielles et commerciales.** 1 vol. in-8° de 1100 pages, br. 10 »

Ouvrage honoré de souscriptions des Ministères de l'Instruction publique et de l'Agriculture, approuvé par la Commission ministérielle des Bibliothèques populaires, communales et libres, adopté pour les Lycées et Collèges de garçons et de filles (Bibliothèques des Professeurs, Bibliothèques des quartiers).

Le choix d'une profession est, de tous les problèmes qui peuvent se poser dans une famille, le plus important et le plus difficile à résoudre : ce n'est pas toujours chose aisée que de savoir par quelles études il faut se préparer à telle ou telle carrière, les dangers qu'on y peut avoir à courir, l'avenir qu'on en peut spérer.

Nous croyons donc bien faire en présentant au public un guide *ratique et raisonné*, donnant sous une forme succincte aussi xacte que possible, l'indication des principales conditions soiales qui s'offrent aux jeunes gens. Le second volume contient es renseignements détaillés et pour la plupart inédits sur l'aprentissage, les salaires, les écoles professionnelles, les chances t conditions d'établissement ainsi que les avantages et les inconéniénts des professions traitées.

Ce **Dictionnaire des Professions et Métiers** n'est pas un vre de lecture, mais bien un instrument de recherches qui a sa lace marquée dans toutes les familles, parmi les livres de foyer. sera également indispensable aux *professeurs*, aux *maîtres*, aux *aîtresses* que les parents viennent si souvent consulter quand il agit de choisir la direction à donner à leurs enfants.

P. MARTIN

Cours normal de Travail manuel, par M. P. MARTIN, ancien élève de l'école normale supérieure de Saint-Cloud, professeur d'école normale.
1 vol. in-18 jésus, 330 figures explicatives, br. 2 »
Relié toile. 2 50

Cet ouvrage est à la fois un *guide* pour les démonstrations et un *aide-mémoire* pour l'exécution des travaux. L'auteur n'a pas borné son travail au programme des écoles normales. Il a pensé qu'il était nécessaire de compléter l'éducation pédagogique des élèves-maîtres et de les mettre en état d'organiser l'enseignement du travail manuel dans les écoles primaires.

On trouvera dans ce livre, outre les notions générales bien développées, la description des principaux outils, des indications précises et des détails pratiques sur leur entretien et leur maniement, ainsi que les *tours de main* qu'il est nécessaire de connaître pour exécuter un ouvrage vite et bien.

L'ouvrage se divise en trois parties :

La *Première partie* traite du **bois** : Distinction et choix des essences, qualités, usages. — Menuiserie. — Tour à bois.

La *Deuxième partie* s'occupe des **Métaux**, de la forge, de l'ajustage.

La *Troisième partie*, du **Modelage** qui comprend des exercices de moulage, de stéréotomie (coupe des pierres) et de sculpture.

Enfin, une partie additionnelle, et non pas la moins importante, donne des instructions pleines de concision, mais aussi d'expérience et d'autorité pour **l'organisation de l'enseignement manuel à l'école primaire** : Installation, outillage, matériel, dépenses approximatives, travaux qui peuvent se faire sans atelier, méthode, spécimens de leçons, exercices-types, le découpage du papier et du carton, le tissage, les nœuds, le tressage, la vannerie, le modelage, les constructions en carton, les travaux en fil de fer, la mise en œuvre des bois et des métaux.

Un lexique accompagné, comme le texte, de figures explicatives, rend compte de les termes scientifiques ou peu usités qui ne se trouvent pas ffisamment éclaircis au cours de la leçon.

Manuel d'outillage à l'usage des élèves des écoles industrielles, professionnelles et d'apprentissage, par M. LANGONET, directeur de l'École nationale d'Arts et Métiers de Châlons-sur-Marne. 1 vol. in-18, broché 1 50

MARIE DELORME

Les petits Cahiers de madame Brunet, Gouvernement de la Famille. — Hygiène et médecine usuelles. — Recettes de ménage. — Économie domestique. — Calendrier de la bonne ménagère. — Dialogues, par Mme MARIE DELORME. Ouvrage destiné aux jeunes filles et illustré de 22 vignettes. 1 vol. in-12, broché, 1 50; cartonné. 1 60

Ouvrage couronné au concours établi par la ville de Reims (Prix Doyen-Doublié) et par la Société d'encouragement au bien (Médaille d'honneur); admis par la Commission ministérielle des Bibliothèques populaires et pédagogiques, et honoré d'une souscription du Ministère de l'Instruction publique.

Ce petit manuel a été composé avec grand soin et avec le souci constant de n'offrir aux mères de famille que des enseignements faciles à comprendre et à pratiquer. Les conseils et recettes qu'on y trouve sont le fruit de longues années d'expérience et non le résultat d'une banale compilation. Les préceptes d'hygiène peuvent être appliqués dans tous les intérieurs; les recettes de cuisine sont choisies et énoncées de façon à pouvoir être mises en œuvre dans les ménages les plus simples. Elles ne contiennent aucun terme spécial qui ne soit expliqué dans un chapitre particulier. En ce qui concerne la médecine, on a évité soigneusement d'indiquer aucun médicament en dehors de ceux qu'une personne peu instruite peut employer sans danger.

Le livre est divisé en plusieurs parties très distinctes. Ce mode de classement, imposé par la variété des sujets qu'il traite, le rendra plus commode à lire et plus aisé à consulter.

Après un court prologue, sont présentés, sous forme de ettres, des conseils de toute nature, depuis ce qui concerne l'éducation, la morale, les bonnes manières, l'ordre et l'économie, jusu'aux plus humbles indications pour le bien-être intérieur. 'hygiène, la médecine usuelle, les cas d'accident, d'empoisonement, etc.; les soins à donner aux malades font l'objet de la econde partie du livre. La troisième est consacrée à la cuisine, l'économie domestique, aux conserves de ménage. etc. La quarième, intitulée *Calendrier de la bonne Ménagère*, indique, pour haque mois, chaque saison, les soins, les travaux, les plaisirs ui lui sont propres.

Enfin, dans des dialogues d'un tour familier et naturel, sont aitées quelques questions d'un intérêt sérieux pour les familles.

COURS MARMONTEL

La Première année de Musique (*Solfège et chants*), à l'usage des candidats au *Certificat d'études primaires*, par M. A. MARMONTEL, ancien professeur au Conservatoire national de musique. 1 vol. in-8° de 144 pages, cartonné. **1 25**

Leçons. — résumés. — 154 exercices. — 55 chœurs à l'unisson ou à deux parties. — 50 devoirs. — Questionnaires et Lexique

« Crier n'est pas chanter. »

En publiant le cours de solfège de M. Marmontel, nous avons voulu non seulement doter l'enseignement élémentaire d'une méthode rationnelle et bien graduée, mais aussi faire pénétrer dans l'enseignement élémentaire les plus beaux *joyaux de la musique moderne.*

La méthode adoptée par l'auteur est simple. Elle consiste surtout à n'aborder les difficultés que graduellement ; à ne jamais en accumuler deux dans le même exercice ; à faire suivre chaque leçon, chaque définition, de devoirs, d'exercices pratiques qui servent d'application immédiate.

L'auteur a appliqué à son cours de musique les dispositions matérielles qui contribuent si puissamment à la valeur pédagogique de toutes nos publications classiques : les leçons et les exercices sont accompagnés, en outre, de devoirs, de résumés et de questionnaires, et l'ouvrage est terminé par un lexique des expressions musicales.

Ces exercices consistent en compositions originales de M. Marmontel, et en airs et chœurs extraits des plus grands maîtres. Les morceaux, choisis avec un soin scrupuleux quant à l'application de la théorie, à la *convenance des paroles*, à leur prosodie irréprochable, présentent aux élèves un aperçu de l'histoire de l'art musical et les initient au sentiment du beau.

La Première année de Musique *a eu la bonne fortune d'être patronnée dès son apparition par les Maîtres de l'art musical français et notamment par MM.* AMBROISE THOMAS, *directeur du Conservatoire national de musique de Paris*, CH. GOUNOD, E. REYER, C. SAINT-SAENS, J. MASSENET, L. DELIBES, *membres de l'Institut.*

Diapason-gamme Jaulin donnant les notes de la gamme de *do* majeur. Instrument à anches, à l'usage des écoles.. **5 »**

TABLE DES CHŒURS

de la *Première année de Musique*

COURS MARMONTEL

Exercices de la Première année de Musique, à l'usage des candidats au *Certificat d'études primaires*, par M. A. MARMONTEL, ancien professeur au Conservatoire national de Musique. 1 vol. in-8°, cartonné. 1 25

« Crier n'est pas chanter. »

Revisions théoriques. — 137 exercices. — 30 devoirs. — 10 chœurs à l'unisson ou à deux parties. — Questionnaires et Lexique.

Les *Exercices* sont le complément naturel de la *Première année de Musique* dont ils suivent pas à pas l'ordre et les divisions.

On a donné une grande importance aux exercices sur les *intonations* et les *intervalles*, et l'on s'est arrêté d'une façon toute particulière sur quelques points que la *Première année de Musique* n'avait indiqués que très sommairement : lecture en clef de *fa*, mesures à 2/2 et à 3/8, effets de rythme, triolets.

Les exercices proprement dits, purement didactiques, se bornent à appliquer les difficultés enseignées par la leçon; mais ils sont toujours suivis de chants.

Ces chants, chœurs à l'unisson ou à deux parties, sont, comme dans la Première année de Musique, empruntés à l'œuvre des plus grands maîtres anciens et modernes.

Grâce aux autorisations que nous avons obtenues des principaux éditeurs de musique, nous avons pu réunir dans ces deux volumes un choix sans pareil d'œuvres remarquables; on y trouvera, à côté des compositions originales de M. Marmontel, des morceaux extraits des œuvres des anciens maîtres, comme Lulli, Rameau, Hændel, Gluck, Monsigny, Mozart, Méhul, Boïeldieu, et des fragments des meilleurs ouvrages des compositeurs modernes et contemporains tels que Auber, Weber, Rossini, Meyerbeer, Félicien David, Adam, Gounod, etc.

L'étude de ces chefs-d'œuvre formera le goût des élèves, en même temps qu'elle leur donnera quelques notions sur les écoles et les époques de l'art musical.

Les morceaux admis dans ce recueil offrent toujours une application heureusement trouvée de la leçon à laquelle ils se rapportent. Les paroles présentent en général un caractère patriotique et éducatif.

L'ouvrage se termine par un lexique des noms d'auteurs.

La Mer, chœur à quatre voix d'hommes, composé pour le concours de la Ville de Paris (1892), IIIe arrondissement, par M. S. ROUSSEAU. En partition seulement. » 60

TABLE DES CHŒURS

des *Exercices de Première année*

COURS MARMONTEL

La Deuxième année de Musique (solfège et chants), par M. A. Marmontel, ancien professeur au Conservatoire national de Musique. 1 vol. in-8°, de 336 pages, cartonné. 3 »

Théorie complète de la musique. — Étude des différentes clefs. — Intervalles. — Théorie des Tétracordes. — Leur enchaînement. — Transposition. — Modulations. — Notions d'harmonie. — Devoirs oraux et écrits. — Résumés. — Questionnaires. — Lexique. — Histoire de la Musique.

« **Crier n'est pas chanter.** »

La Deuxième année de Musique est la *Première année* reprise et complétée. Elle s'adresse donc *à tous*, mais surtout à ceux qui auront étudié la « *Première année* » et les « *Exercices correspondant à cette Première année* ». Les diverses parties théoriques formant l'ensemble de l'Enseignement musical tel que le comportent les programmes sont étudiées ici dans leurs détails.

L'auteur s'est particulièrement attaché à présenter, d'une façon complète, la théorie raisonnée des *modes majeurs et mineurs*, des *tétracordes* et des *modulations*, dont la connaissance parfaite est indispensable, et ces chapitres sont traités, dans la *Deuxième année*, avec la clarté et la précision nécessaires pour que les élèves les possèdent complètement.

La marche suivie est la même que pour la première partie du cours.

Les difficultés sont abordées et résolues successivement, et chacune des leçons est suivie d'exercices, devoirs, résumés la complétant.

Les élèves, en un mot, ne sauraient entreprendre l'étude d'une partie quelconque sans posséder, d'une façon absolue, ce qui précède.

La *Deuxième année* sera favorisée d'une façon particulière, quant aux *morceaux choisis*. Grâce aux autorisations obtenues des auteurs et éditeurs, nous avons pu reproduire les plus beaux morceaux des maîtres vivants, et il est impossible de présenter un cours réunissant un choix pareil de chœurs empruntés au répertoire moderne.

TABLE DES CHŒURS ET MORCEAUX CHOISIS
de la *Deuxième année de Musique*

GUSTAVE SIMON

L'Art de Vivre, par M. GUSTAVE SIMON, préface de M. JULES SIMON, de l'Académie française. 1 vol. in-18 jésus, broché. 3 50

Comment devons-nous, pour vivre bien et longtemps, nous nourrir, nous loger, nous habiller, travailler ou nous reposer? Ce sont là des questions qui intéressent chacun de nous et auxquelles il est impossible de répondre d'une manière plus attrayante et plus pratique à la fois que ne le fait M. Gustave Simon dans ses amusantes causeries. En nous retraçant la vie d'une mondaine, chez elle, dans les soirées, aux eaux, aux bains de mer, l'auteur nous fait assister à toutes les épreuves qui nous attendent, à tous les âges et dans toutes les conditions, si nous laissons guider notre existence par les préjugés, la routine et l'erreur.

L'auteur, après nous avoir décrit le *home*, chambre à coucher, cabinet de toilette, salon, salle à manger, nous fait visiter à sa suite la mansarde, l'atelier, le collège, les grands magasins où il nous détaille avec esprit les bizarreries de la mode, le marché (chapitre amusant et pittoresque entre tous) où il nous initie à tous les préceptes et les secrets de l'hygiène alimentaire.

De tout cela se dégage pour chacun suivant sa situation, l'indication du régime rationnel qu'il doit suivre. On ne peut imaginer rien de plus raisonnable et de moins pédant, rien de plus original dans la forme, rien de plus facile à appliquer dans la vie de chaque jour.

LAVISSE ET RAMBAUD

Histoire générale, du IVe siècle à nos jours. Ouvrage publié sous la direction de MM. Ernest Lavisse, membre de l'Académie française, professeur à la Faculté des lettres de Paris, et Alfred Rambaud, professeur d'histoire moderne et contemporaine à la Faculté des lettres de Paris, parait les 5 et 20 de chaque mois depuis le 5 novembre 1892, par fascicules grand in-8° raisin, de 80 à 100 pages. Prix du fascicule. 1 »

Le tome I : **Les Origines**, est en vente au prix de 10 francs.

On souscrit chez les éditeurs Armand Colin et Cie, 5, rue de Mézières, et chez *tous les libraires.*

Soit en envoyant 120 francs pour l'ouvrage complet;

Soit en adressant la somme de 10 francs pour chaque série de 10 fascicules.

L'Histoire générale formera environ douze volumes grand in-8° raisin d'environ 800 pages; elle résumera l'état actuel des connaissances historiques en ce qui concerne le moyen âge et les temps modernes et deviendra, nous l'espérons, lorsqu'elle sera terminée, un monument de la science historique contemporaine.

Le plan et les grandes lignes en ont été élaborés par les Directeurs, MM. Ernest Lavisse et Alfred Rambaud, mais ils ont confié chacune des parties à des collaborateurs que recommandent tous, à un degré éminent, leurs œuvres ou leurs études spéciales et la connaissance profonde de tous les travaux français et étrangers les plus récents.

HISTOIRE DE LA CIVILISATION FRANÇAISE depuis les origines jusqu'à nos jours, par M. ALFRED RAMBAUD, professeur à la Faculté des lettres de Paris. 2 vol. in-18 jésus, brochés. . . . . 8 »

Ouvrage honoré de souscriptions du Ministère de l'Instruction publique et de la Ville de Paris, approuvé par la Commission ministérielle des Bibliothèques populaires, adopté pour les Lycées et Collèges de garçons et de filles (Bibliothèques des professeurs, Bibliothèques des quartiers, Livres de Prix) et par la Commission des Livres de Prix de la Ville de Paris.

L'auteur a voulu à la chronologie des rois, des guerres de succession et de conquête, substituer l'étude des institutions et des mœurs. Dans le tome Ier (Des origines à la Fronde), on voit se dérouler les destinées de l'aristocratie, de l'église, de la bourgeoisie, du peuple des villes et des campagnes. L'auteur montre comment la nation française s'est formée de ces différents éléments, comment un État s'est constitué avec ses organes essentiels : administration, justice, armée, diplomatie, finances. Le tome II (De la Fronde à la Révolution française) nous montre la monarchie absolue s'organisant et progressant du dix-septième au dix-huitième siècle.

Toutes les institutions sociales et administratives y sont décrites avec précision. A toutes les époques, l'auteur suit l'histoire de notre agriculture, de notre industrie, de notre commerce. Il n'a garde de négliger le mouvement intellectuel et, indiquant les grands courants littéraires et philosophiques, il signale les progrès accomplis dans les lettres, dans les sciences et dans les arts.

HISTOIRE DE LA CIVILISATION CONTEMPORAINE en France, par M. ALFRED RAMBAUD, professeur à la Faculté des lettres de Paris. 1 vol. in-18 jésus, br. 5 »

Ouvrage honoré de souscriptions du Ministère de l'Instruction publique et de la Ville de Paris, approuvé par la Commission ministérielle des Bibliothèques pédagogiques, adopté pour les Lycées et Collèges de garçons et de filles (Bibliothèques des professeurs, Bibliothèques des quartiers, Livres de Prix).

L'Histoire de la Civilisation française, de M. ALFRED RAMBAUD, s'arrête à la Révolution; elle est terminée par un appendice donnant un simple aperçu des événements postérieurs à 1789. Cet appendice est, pour ainsi dire, le sommaire de l'*Histoire de la Civilisation contemporaine*, qui présente, en un tableau très complet, la vie politique de notre pays durant les cent dernières années écoulées (institutions politiques, sociales, administratives, ecclésiastiques, judiciaires, finances, armée, enseignement), sa vie intellectuelle (lettres, arts et sciences), sa vie économique (inventions, agriculture, industrie, commerce). Écrit avec beaucoup de mesure et d'indépendance, cet ouvrage constitue à la fois un livre d'une lecture attachante pour les gens du monde, et, pour les étudiants, un manuel d'autant plus précieux qu'une bibliographie très complète indique avec soin les ouvrages à consulter sur chaque période et chaque fait important.

ALFRED RAMBAUD

LA FRANCE COLONIALE. Histoire, Géographie, Commerce, par M. ALFRED RAMBAUD, professeur à la Faculté des lettres de Paris, avec la collaboration d'une Société de géographes et de voyageurs. *Nouvelle édition, entièrement refondue.* 1 vol. in-8°, avec 13 cartes en couleur, broché. 8 »

Ouvrage honoré de souscriptions du Ministère de l'Instruction publique; approuvé par la Commission ministérielle des Bibliothèques populaires et adopté pour les Lycées et Collèges de garçons et de filles (Bibliothèques des professeurs, Bibliothèques des quartiers, Livres de prix), et par la Commission des Livres de prix de la Ville de Paris.

SOMMAIRE

Introduction historique, par M. ALFRED RAMBAUD.
L'Algérie, par M. P. FONCIN, inspecteur général de l'Université, secrétaire général de l'*Alliance française*.
La Tunisie, par M. J. TISSOT.
Le Sénégal et ses dépendances, par M. le colonel ARCHINARD.
La Guinée du Nord : Établissements de la côte d'Or, Grand Bassam et Assinie, par M. A. BRÉTIGNÈRE. — Établissements de la côte des Esclaves, Porto-Novo, Kotonou, Grand Popo, par M. MÉDARD BÉRAUD, revu par M. l'abbé BOUCHE.
L'Ouest africain, par M. J.-L. DUTREUIL DE RHINS.
L'Ile de la Réunion, par M. JACOB DE CORDEMOY, ancien membre du Conseil général de la Réunion.
Madagascar et les îles voisines, par M. GABRIEL MARCEL, revu par M. ALFRED GRANDIDIER.
La mer Rouge : Obock, par M. PAUL SOLEILLET; Cheikh-Saïd, par M. PAUL BONNETAIN.
L'Inde française, par M. HENRI DELONCLE.
L'Indo-Chine française, par M. le colonel BOUINAIS et M. PAULUS.
L'Océanie française : Tahiti, par M. A. GOUPIL.
La Nouvelle-Calédonie, par M. CHARLES LEMIRE.
Terre-Neuve, Saint-Pierre et Miquelon, par M. le capitaine J. NICOLAS.
La Guadeloupe, par M. ISAAC, sénateur de la Guadeloupe.
La Martinique, par M. HURARD, député de la Martinique.
La Guyane, par M. JULES LEVEILLÉ, professeur à la Faculté de droit de Paris.
Conclusion, par M. A. RAMBAUD.
Appendice : Soudan et Dahomey, par MM. RAMBAUD et H. SCHIRMER.

Depuis quelques années, les esprits se sont tournés, en France, vers les questions coloniales. Mais peu de personnes ont une juste idée de notre puissance coloniale et du véritable intérêt qu'aurait le pays à la voir s'accroître.

M. Alfred RAMBAUD a voulu donner au public un tableau impartial de nos colonies, qui pût aider à la solution des diverses questions qu'elles soulèvent.

Quelle que fût sa connaissance du sujet dont il a fait une étude spéciale, l'auteur a pensé que nul exposé ne pouvait valoir, pour chaque pays, une étude due à un collaborateur ayant non seulement vu ce pays, mais l'ayant habité, l'ayant exploré dans tous les sens et à tous les points de vue.

ERNEST LAVISSE

Vue générale de l'Histoire politique de l'Europe, par M. Ernest Lavisse, de l'Académie française, professeur à la Faculté des lettres de Paris. 1 vol. in-18 jésus, broché. **3 50**

Ouvrage honoré de souscriptions du Ministère de l'Instruction publique; approuvé par la Commission ministérielle des Bibliothèques populaires et pédagogiques et adopté par la Commission des Livres de prix de la Ville de Paris.

M. Ernest Lavisse, s'inspirant du savant ouvrage de M. Freeman sur l'histoire de l'Europe par la géographie, a voulu nous offrir un tableau d'ensemble de cette histoire, non plus comme l'éminent historien anglais, au point de vue de la géographie historique, mais au point de vue de la succession chronologique des événements.

Le savant professeur de Sorbonne prend l'histoire de l'Europe dès ses origines les plus reculées; il la suit pas à pas, à travers toutes ses évolutions, fait ressortir les faits importants, laisse au contraire dans l'ombre tous les menus détails qui pourraient surcharger son tableau. Il s'attache surtout à mettre en lumière les causes des événements et leurs effets.

Après avoir fait assister le lecteur aux changements et aux révolutions d'où est sortie l'Europe moderne, après nous avoir fait voir la chute des empires qui s'étaient promis l'immortalité, et l'avènement inattendu d'ordres de choses nouveaux amenant la solution de situations en apparence sans issue, il nous fait pressentir de nouveaux changements, de nouvelles révolutions, des événements qui transformeront le monde.

Comme le dit lui-même M. Lavisse dans la préface de son ouvrage, il s'est défendu de son mieux contre les préjugés du patriotisme, afin de ne pas exagérer la place de la France dans le monde. Le lecteur verra bien lui-même, d'ailleurs, que, dans la lutte entre les facteurs opposés de l'histoire, la France est le plus redoutable adversaire de la fatalité des suites.

Tous ceux qui s'intéressent aux études historiques liront avec fruit le livre de M. Lavisse; ils y trouveront exposés avec une clarté remarquable les principes généraux de la philosophie de l'histoire.

Paris. — Imp. E. Capiomont et Cie, rue des Poitevins, 6.

L'Éducation dans l'Université, par M. HENRI MARION, docteur ès lettres, professeur à la Faculté des lettres de Paris. 1 volume in-18 jésus, broché. 4 »

Leçons de Psychologie appliquée à l'éducation, par M. HENRI MARION. 1 vol. in-18 jésus, broché. 4 50

Leçons de Morale, par M. HENRI MARION. 1 vol. in-18 jésus, broché. 4 »

Manuel d'Exercices gymnastiques et de jeux scolaires, *publié par le Ministère de l'Instruction publique.* 1 vol. in-8°, avec figures, cartonné. 2 50

L'Art de vivre, par M. GUSTAVE SIMON, préface de M. JULES SIMON, de l'Académie française. 1 vol. in-18 jésus, broché. 3 50

L'Hygiène scolaire dans les Établissements d'Enseignement secondaire de la Grande-Bretagne, par M. WALTER DOUGLAS HOGG, docteur en médecine. 1 volume in-8°, avec gravures et plans, cartonné toile. 3 »

Paris. — Imp. E. CAPIOMONT et Cie, rue des Poitevins, 6.

www.ingramcontent.com/pod-product-compliance
Ingram Content Group UK Ltd.
Pitfield, Milton Keynes, MK11 3LW, UK
UKHW020206250726
13967UKWH00003B/1289